「人」財経営のすすめ

いま日本の企業に求められる「ヒトづくり」

佐竹隆幸

神戸新聞総合出版センター

すべてを支えてくれた最愛の妻久美子と、
愛することを教えてくれた最愛の娘由希野に捧げる。

『「人」財経営のすすめ』 もくじ

はじめに

これまで、心温まる「おもてなし」を何度か体験してきた。
そのなかから二つを紹介させていただくと……。

2006(平成18)年、日光・那須を家族旅行した際、3日間貸切をお願いしたタクシー運転手さん。

華厳の滝や東照宮といった通常の観光コースだけでなく、ここを是非ご案内したいといわれ、着いた先は「虹見の滝」だった。

木漏れ日が射す緑深い道をしばらく歩くと、目の前にとうとうと流れる水量豊かな滝が出現。陽光に水しぶきがきらめき、その美しさにしばらく言葉を失う。

その場で一緒に感動を分かち合って下さるのが伝わってくるとともに、私たちが景色を十二分に堪能するのを、にこにこと嬉しそうに見ておられる。

車の乗り降りの際のさりげない心配りや、会話の端々に、あたたかさがにじみ出て、観光が終わる頃には、別れがたいほどだった。

いまでも思い出すたび、素敵な旅だったと心が温まるのは、まぎれもなく、彼の真心尽くしのサービスにあった。

本書に紹介させて頂くにあたり、7年ぶりに電話をかけた。

お元気な様子が嬉しかったと同時に、私たち家族のことよく覚えて下さっていて、最後は、川下りのボート乗り場で別れましたね、と。そこまで記憶に刻まれていることに、あらためて感動した。

「人」こそが感動の源泉である。


もうひとつは、芦屋のフレンチレストラン。

シェフの食材へのこだわり、自分が食べて心底美味しいものを最高の状態で提供する。最高の料理とワインのマリアージュ。

一品一品丁寧な料理の説明をされる女性スタッフ以外に、厨房のお弟子さんたちが、全員でお皿を運び、温かいパンを出して下さる。

そして、表情豊かで、話題豊富なソムリエの奥様。

初対面とは思えない親近感を醸し出して、私たちが心からリラックスして料理を味わい、場を楽しめるように自然と配慮されている。

帰りにコートをはおらせて下さるのも、お弟子さん。その後、外に出て全員で、見送って下さる。

お店のスタッフみんなに歓待され、心づくしのもてなしが、余韻に残る。客である私たちを最高に喜ばせたいという控えめな心遣いに溢れている。

ここでも、やはり、「人」が感動を生む。

人材をいかに「人財」とするか。

幸せを創造するサービスが、提供する側、される側に好循環を生むとき、経営は耀く。

２０１４（平成26）年初春に　著者

経営論

「ヒト」を財《たから》にする経営

「日本的経営」の進化と再生こそが社員のモティベーションを高める

日本はいま、劣化しつつあるのではないか。これまでは紆余曲折を経ながらも躍進を遂げてきた。その牽引車であった日本企業の経営が、「賞味期限」切れになりつつあるのではないかと思えてならない。

所得をもたず自立できない若者が急増している。「食」の安全を支える第一次産業従事者は減少傾向にあって、しかも高齢者がその半数以上を占める。生産労働力の担い手として外国人の流入が急増している。すなわち、日本の経済成長を支えてきた「ヒト」の劣化である。

日本企業は、いま、あらためて経営のありかたを見直すべきときを迎えているのではないだろうか。

人材は「人財」である

グローバル化する現状にあって、日本の企業は新たな組織づくりを求められる。

新たな組織を形成していくには、巧みで稠密な内外のパートナーシップ形成が不可欠である。そしてその核になるのは、やはり「ヒト」である。人材育成をベースに、新たな組織づくりの方向性を明確にしなければならない。

今後、日本企業が成長していくためには、海外との貿易、あるいは工場展開を積極的にすすめていくべきだろう。それを実践している企業は、国内の工場も成長している。国内市場のみをターゲットした事業展開では、人口の減少などによって、先行きは不透明である。

海外に展開することによって、業績の向上、国内工場などへの波及効果（いわゆるブーメラン効果）が生まれるといったメリットが期待できる。攻めの姿勢でグローバル化を活用していくことが、今後の成長のポイントとなる。「郷に入っては郷にしたがえ」といわれるが、企業のグローバル戦略でよくいわれるのは「ＣＯＰＹ　ＥＸＡＣＴＬＹ」である。海外に進出した企業は、地域の特性に応じた経営を行なうのではなく、日本の事業所をそっくりそのままもっていくような体制づくりが求められる。その中核になるのが「人材育成」である。

企業は人的資源の蓄積の範囲を超えて成長することはできない。組織能力、マーケティング能力など、いわゆる「経営力」を高めるのも人的資源である。

人的資源の蓄積は、経営者がいかに経営理念等の浸透に取り組んでいくかにかかっている。日本的経営をグローバルに展開していくためには、経営理念を形成し、浸透させていくことが求められるのだ。

日本企業の多くは、一部に従来の日本的経営要素を温存しつつも、欧米的な成果主義を取り入れ、いわば中途半端な状態にある。そういう状態で、経済のグローバル化による市場競争の激化、少子高齢化、雇用問題、地域経済の疲弊など、さまざまな課題への対応を強いられている。

これらの課題を解決していくには、日本的組織の長所をさらに生かす組織づくりが求められる。

「ヒト」をいかに組織に溶け込ませ、いかにモティベーションを高め、いかに社員満足(ES)を満たすかが、そのカギになる。「ヒト」こそが企業経営のポイントである。ヒトは企業の「タカラ」なのである。

そうした視点から、本書では「人材」をあえて「人財」と表現し、モデル企業の「人財」に関する戦略をさまざまな視点から検証していく。

日本的経営の強みとは

欧米人の見地からは到底容認できない文化伝統が、日本的経営には生きている。すなわち集団内における所属意識・忠誠心・相互信頼の存在だ。それが日本的経営の神髄とされてきた。

世界的に見て飛躍的な高度経済成長を達成した日本経済において、日本的経営は一種の社会保障システムとして機能した。従業員の忠誠心が得やすく、精神的に人材を囲い込みやすいと考えられ、多くの企業がこの制度を充実させた。

従業員は帰属意識があるがゆえに企業に労働を提供する。それによって企業が成長すれば、人びとの生活も社会も豊かになる。こうして日本経済は成長したのである。

日本的経営は日本の経済発展の一つの武器として機能し、個人・企業・社会の目標が一致した。

労働力を提供する個人が会社という組織の構成員になり、企業のために貢献すれば、企業が得た利益は個人に配分される。企業の側ができるだけ個人の雇用を保障し、安心感を与えることができたのは、利益のすべてを配当という形で株主に与えず、内部に留保し、企業の成長、あるいは賃金上昇に活用し、経営の安定性を高めていったからである。

業績を上げた企業はさらに成長発展し、労働力を提供する個人はモティベーションを高め、ますます多くの人が企業の構成員として機能する循環で、さらに成長発展を遂げたのである。

基本的に一度雇用されればよほどのことがない限り、企業外に放逐されることはない。「終身雇用制」は、従業者が生涯にわたって、自らが属する企業に愛着をもつことにつながる。

企業と従業員との信頼関係が生まれ、オーナーシップをもった従業員は自分の判断で経営に参画する。企業側も従業者を信じ、大切にする責任をもつ。労働力を提供する個人と企業とは、運命共同体の性質を帯び、一体感をもって企業がより成長していくよう努力するモティベーションを高めていく。

労働力を提供する個人間においても、一定の平等な基準で秩序を形成していくことが必要となり、格差・序列のつけ方として、勤続年数の長い個人・年齢が高い個人が、短い個人・低い個人より優越的な地位に就くという原則が最も無難ということになり、確立されたのが「年功序列制」である。

日本人にとって納得しやすい企業内賃金格差の根拠は、職務評価よりも勤続・年齢・学歴という属人的要素である。企業のなかに無秩序な能力主義や階級主義を導入すれば、個人間で嫉妬・反目が起こるだけでなく、モティベーションの喪失による業績低下を招く恐れが生じる。

こうして職責・職能においても「和」を保つことが可能となり、相互信頼が強固な組織が形成されていった。

戦後日本の経済社会は、企業と従業者との関係が「運命共同体」、さらには「生活共同体」となることによって成長発展してきた。経済の効率性を発揮するための「機能組織」と考える株主重視のアメリカ型の会社観をとることなく今日に至っている。

基本的に企業の所有者である株主は、企業の上げた利益の一部を配当として要求する。しかし企業の経営者と従業員の総意としては、株式会社のもつ機能とは異なり、「運命共同体」、「生活共同体」としての組織において、利益は自分たちが稼ぎ出したものであるから、自分たちとは直接関係のない株主に利益の大半を渡すよりは自分たちで賃金として分配するか、さもなければ企業成長のために使うほうがいいという方策を志向したのである。

日本的経営としての「終身雇用制」「年功序列制」は、基本的には第二次世界大戦後の経済復興と高度経済成長の過程で成立したもので、比較的歴史は浅いと見られる。終身雇用制・年功序列制の原型は江戸商家にもあったが、それが連綿として日本的経営の伝統をなしてきたというわけではない。

しかし日本の高度経済成長過程で日本企業を成長発展させていくためには、階級のない社会の同質的な人間を組織して共同利益追求型の集団をつくるのに最も合理的な人間を組織して、企業への忠誠心を高めていった。こうした組織を構成することによって得られる企業への帰属意識、企業に帰属している構成員間で見られる共同体意識、共同体意識から生まれる企業の業績向上、というメカニズムが形成されてきた。

株主への高配当を優先した短期の利潤極大化がアメリカ型企業の行動原理であるのに対して、日本企業は利益目標を低く設定し、日本的経営を基盤に長期的な視点から利益を成長と安定とに配分するという行動原理を採用していった。

「親の血を引く兄弟よりも契り交わした義兄弟」こそ組織の強み

1990年代に入り、グローバル化競争が日本的経営の基盤を大きく揺るがすことになる。

日本においてもアメリカ型の株主重視経営・成果主義賃金・雇用の流動化を採用していくことこそが「グローバル・スタンダード（世界標準）」であるという意識が広まり、日本経済を平成長期不況から脱却させるためには「グローバル・スタンダード（世界標準）」を採用すべきであるという機運が強まった。

しかし今日の日本経済の状況、日本企業の本質について検討すると、市場志向の経営動向という流れ、企業がコストダウン戦略を求められるという状況は変わらないものの、日本的経営からの脱却を求めるべきであるという見解に対しては、懐疑的にならざるを得ない。短期的に市場拡大・競争力強化を達成し、経営を再生できたとしても、長期的にはマイナスとなることは明らかである。

終身雇用制を前提としない不安定な雇用のなかで、誰が積極的に企業のために尽くしながら「会社人間」としての役割を果たそうとするのか。アメリカでは通用しても日本では通用しないであろう。

日本的経営を志向していくことは、短期的な利益ではなく長期的な利益を求めることにつながる。共同体の構成員である「ヒト」が「価値を創りだす」という経営モデルを、新たに再生した組織がいまこそ求められるのである。

「アメ」と「ムチ」の論理である。日本では、行動・主張・生存の根拠を帰属集団に求めることによって、文化・伝統が形成されてきた。集団内の人間が、親和関係の「アメ」と、階層による統治の「ムチ」との均衡のもとにいることによって得られた果実である。

日本の企業では、「会社のいうとおりにしておけば（階統性）、少なくとも定年までは生活を保障してくれる（親和性）」という信頼関係が暗黙裡にあった。日本型組織の特徴のひとつである。

もうひとつは、「親の血を引く兄弟よりも契り交わした義兄弟」である。一度仲間になれば、血のつながりに関係なく未来永劫仲間と認められるというものだ（ただし承継者はやはり血のつながりのある子息が収まりがよい）。血縁の有無にかかわらず、いったん十分な資格をもつ組織の仲間と認知されれば、無限定かつ無期限に集団に帰属し、忠誠をつくすことになる。

日本社会で醸成されてきたこのような特質が、「ヒト」の育成法につながる。会社内部における仲間意識・同族意識・恩情意識といったいわば共同体的親和関係と、会社内部における権力構造・強権構造・階層構造といったいわば支配従属的階統関係は、表裏一体であるが、日本の会社の強みそのものである。

終身雇用と年功序列を見直す？

日本企業はいつしか、アメリカ型の実力主義、成果主義こそがグローバル・スタンダード（世界標準）であり、企業経営のあるべき姿だとして、日本的経営を排除するようになった。それが劣化の大きな要因ではないかとわたしはとらえている。

日本企業とアメリカ企業の経営のちがいをかいつまんでいえば、アメリカ企業は当面の利潤の極大化を追求するため短期的なモノサシでものごとを判断するのに対し、日本企業は長期的な繁栄を求めて判断する。ここがいちばんの相違点だ。

日本の企業は、短期的にとらえた効率のよさが必ずしも長期の繁栄をもたらすものではないと考えてきた。

たとえばアメリカの企業は、付加価値の高い商品の生産拠点を中国に移す。最も付加価値の高い商品を、最も労働コストが低いところでつくれば、利益は最大化するからだ。中国よりも労働コストが低ければ、さらにインド、ベトナムなどに生産拠点を移す。じつに単純明快だ。

これに対して日本企業は、海外に生産拠点を移す場合でも、対象商品はコモディティ（普及品）に限定し、付加価値の高い商品は日本で製造することにこだわる。モノづくりにこだわりをもつのが理由のひとつ。それとともに、モノづくりのノウハウを国内の社員に伝承させたいからだ。製商品へのこだわりと、その技術ノウハウの蓄積や伝承が、企業を長期的に繁栄させるカギになることを知っていた。また、そういう考え方があったから、雇用も守ってきた。

言い換えれば、「ヒト」はたんなるコストではなく、「人的資産」であるととらえて、モノづくりのノウハウを伝承させていく道を大事にしてきたのだ。

これが日本的経営といわれる経営の根底にある考え方である。そして、この考え方をベースに、「終身雇用」「年功序列」があった。

ところが、グローバル化がすすむにつれて、終身雇用と年功序列は諸悪の根源であり、そんなものにこだわっていたら企業の発展はないという流れに傾斜した。日本的経営の特色であった終身雇用と年功序列は、旧弊の権化とでもいわんばかりの対応をすすめた。

皮肉なことに、昨今はアメリカ企業のほうが日本的経営に目を向けるようになっているのだが。

グローバル化は否も応もなく進展する。その時流にあって、日本的経営を見直すこと、すなわち終身雇用と年功序列を、ただ排除するのではなく、そのよさを復活させることが日本企業を劣化から蘇生させる道筋になるのではないか。

といって旧来のありかたに回帰すればいいということではない。

終身雇用と年功序列をワンセットで維持していくためには、3つの条件が欠かせない。

ひとつは、大量生産・大量販売の時代であること。2つ目は、社員の人的構成がピラミッド型であること。3つ目は、途上国の急速な追い上げがないことである。この3つの条件が揃ってはじめて終身雇用と年功序列は並存可能になる。

いまの日本企業は、この3つの条件が揃う環境下にはない。にもかかわらず両者を維持すれば、組織維持を優先させる「お役所」のような会社になってしまうだろう。企業の競争力は低下する。

では、どうすればいいのか。

終身雇用は存続させる。「雇用が保障されれば、社員は安心して働くことができる。「明日はクビをきられるかもしれない」という不安をかかえながら働く状況で、いい成果を求めるのはムリだ。雇用が保障されれば、上司や先輩は、もつスキルを惜しまずに吐き出す。そうして育て、鍛えられた部下は、スキルを引き継ぐ。

年功序列は、市場の変化が激しく、過去のビジネスモデルがあまり意味をもたなくなっている現代においては、改めるべきものだろう。年長でキャリアがあるというだけで高いポストにつければ、既得権益優先となる。「老害」を生み出す元凶となる。

終身雇用を再評価する

今後、市場は大きな変化の波に洗われていく。既存の常識を覆すような技術や製商品、サービスが開発されている。

市場が変化・縮小すれば、企業は顧客から厳しい選別を受ける。そのとき、市場に存在するすべての企業が等しくシェアを失うのではない。存在価値を失った企業が、撤退を余儀なくされるのだ。

中小企業におけるいちばんの課題は、自社の存立基盤を強固にすることである。変化に耐えられる強靭な体質づくりを目指さなければならない。

そこでとくに重要なのは、「社員教育」と「人材確保」である。

それにはまず、「終身雇用」を再評価することだ。

契約社員や派遣社員をはじめとする非正規雇用者の割合は、いまや労働者の三分の一を超えている。雇用が保障されない立場の働き手に、会社への帰属意識や忠誠心を求めるわけにはいかないだろう。

いくらすぐれた技術やサービスを前面に掲げ、顧客満足（CS）を旗印にしても、熟達したモノづくりの技術や高度な接客技術が継承されない雇用環境のもとでは、むなしいことば遊びにすぎないものになる。

雇用が不安定な状態を見直し改善することが、強い会社づくりの根幹になる。

終身雇用は、率直にいえば、幻想にすぎない。多くの大企業は、リストラによって経営危機に対応している。つまり雇うほうも雇われるほうも、終身雇用がその名のとおり機能するものではないことは、よく知っているのだ。なお、中小企業においては、新卒で入ってきて定年まで勤め上げる社員は大企業に比べて多くなっている。いずれにしても人材の流動化がすすんでいる。

けれど、その実態を知りつつも、終身雇用に取り組む企業においては、社員は明日への不安を軽減させ、懸命に努力する。会社は容易にリストラに走らず、コストカットの最後の手段にとどめるようになる。

経営者は、その効果を自覚しておかなければならない。

年功にともなうポストと給与を切り離す

年功序列については、これをやめたとして、どのように社員を遇していけばいいのか。給与もポストも年齢・社歴に応じて上から下へと順序づけるのではなく、給料とポストを切り離してはどうか。

力のある若手にはどんどんポストを与える。実績がポストにつながるかたちで評価されれば、社員のモティベーションは高まる。

給与は、能力給と年功給とで構成する。一定の年収は平等に保障し、そのうえに能力給を乗せる仕組だ。

すべてを能力給にするのはよくない。実績が上げられなかったら、どうぞお辞めくださいというに等しいことになるからだ。チームを率いて動かす力や部下を育てる力は短期で判定できるものではないし、時間のかかる開発への取組などがおろそかになる弊害が生じる。

ある程度は生活が保障されたうえで、明日へのチャレンジもできる、敗者復活もある、そういう給与体系を制度化する。

企業は個々人の集合体ではなく、共同体である。個々人の評価にウエイトをおきすぎると、共同体性が希薄になる。それぞれが自らの役割を果たしながら、互いに連携をとり合い、大きな成果につなげていく機能集団にするためには、年功部分を残しておくことが必要なのだ。機能優位の共同体づくりである。

終身雇用は終身束縛ではないし、年功序列は能力評価が伴うものだということを、経営者も社員も理解できるように、制度を進化・改変させるのだ。

2点、つけ加えておきたい。

ひとつは、地域を大切にすることだ。

格差が深刻な社会問題となっているが、格差は個人間だけではない。企業間、業種間、そして最も深刻な地域間格差がある。東京、大阪といった大都市圏に仕事と富が集中し、地域の過疎化が進行する状況を肯定するなら、「みんなが都市部に集まって豊かに暮らせばいい」ということになってしまう。

これまで存立してきた地域で経営を継続していくことだ。地域の人材を受け入れ、雇用を守っていく。これは地域住民への貢献、地域の活性化につながるだけでなく、とくに中小企業においては、人材の確保に効果をもたらす。地元で活躍したいという人材を取り込むのだ。大都市部で人材争奪戦をするよりも、優秀な人材を確保できる可能性が高い。

地域の住民や行政とともに発展の礎を強化することにもなるだろう。

「社員が誇りをもてる会社」づくりを忘れないこと

社員が自分の勤める会社に誇りをもつのは、会社のブランドや給料の高さだけではない。顧客をはじめとする世の中から、あの会社はきちんとしている、と見られることは大きな誇りになる。胸を張って自分の会社と仕事を口にすることができる「まっとうな」会社であれば、社員は生き生きと働く。

そのためには、「経営指針（ビジネスプラン）」を立てることが必要だ。経営指針（ビジネスプラン）は企業の経営体質強化に欠かせないものである。

よく経営計画、事業計画を立てるというが、いわゆる数値目標中心の経営計画、事業計画だけでは企業の体質改善につながらないし、従業員のモティベーション向上につながるものでもない。

ここでいう経営指針（ビジネスプラン）とは、経営理念・経営方針（戦略）・経営計画の3つを総称している。

経営理念は、あらゆる見地から企業姿勢を明文化し、社会に対するお役立ち、社員に対するお役立ちを柱に企業活動の礎とするものである。

経営方針（戦略）は、ビジョンを策定し、目標達成へのスローガンを立て、経営資源（ヒト・モノ・カネ・ワザ・チエ）等を戦略的に配分するものである。

経営計画は、戦略に従って具体的な数値目標や経営課題を進めるための事業計画である。

このような取組を実践化するためには、社外活動として経営支援組織による支援プログラムのセミナー等に積極的に参加することが望ましい。経営者自身の自己改革を促し、参加メンバーで切磋琢磨しあい、メンバー間の信頼関係を構築し企業間連携を目指すことも可能となる。

社外活動から入ってくる情報は今後の企業経営へのヒントになるものも多い。企業にとっての最大のリスクヘッジ（リスク回避策）は、「経営者が学ぶこと」である。

また社内活動としては、経営理念の朝礼での唱和、経営方針（戦略）の社内会議での必携、経営計画にそった説明、個人目標との結付け、個人面談の実施等、さまざまな工夫を実践することが重要である。

最終的には社員一人一人の計画、行動にどう反映し具体化されるかがポイントとなる。この点が経営指針（ビジネスプラン）の成文化後の課題である。

経営指針（ビジネスプラン）の成文化によって、経営者の経営姿勢が確立し、企業の存立意義が明確になるので、経営体質の強化が図れる。経営指針（ビジネスプラン）の従業員との共有化、従業員の行動への反映が進むことによって経営の改善が進み、成果として現れる。「ヒト」を生かすも殺すも明示された経営指針（ビジネスプラン）次第である。

直面する苦境を乗り越える原動力となるのはまさに「人財（「ヒト」）」である。

経済危機で売上や受注が急減し、中小企業でも雇用の過剰感が高まっている。その一方で、仕事が忙しく、人手不足に悩む、成長基調の中小企業も少なくない。また大企業が採用を手控える今こそ、優秀な人材を確保する好機とみる経営者もいる。

中小というと、「賃金が低い」「人材が集まりにくい」等のイメージを抱きやすいが、中小企業の最大の財産は「人財」である。とりわけ現場を支えるキーマンを他社から引き抜くことは容易ではなく、自社で育てるしかない。そのために欠かせないのは、従業員の充実感を高めることである。いわゆるES（社員満足度）を高め、CS（顧客満足度）を創造していくという顧客価値創造経営が重要な視点となる。

これらも踏まえて、従来型の経営モデルをリニューアル再生し、「ヒトが価値を生み出す」新しい経営モデルの創造をすすめていただきたい。

実践編

滋賀ダイハツ販売株式会社

社員教育をすべての業務に優先
抜きん出たサービス力で
顧客に選ばれる存在になる

後藤敬一 社長

滋賀ダイハツ販売のホームページには、会社の特色として、「社員教育をすべての業務に優先」と記されている。「女性の多いアットホームな職場です」ともある。この特色が、滋賀ダイハツ販売の「ヒト」を生かす経営をなによりも物語っている。

ダイハツ車のディーラーという立場からすれば、ダイハツの企画力、商品力、宣伝力、つまりはダイハツのブランド力に負うところが多いと思われるが……。

「だからこそ社員教育が重要になります。ディーラーとして差別化を図れるのは、社員教育しかないといっても過言ではないと思います。どこも営業やサービスに注力しますから、ほかのディーラーさんと同じようなことをやっているだけでは、同じような実績にしかならないでしょう。社員教育こそが、われわれにとって最大の企業努力なのです」

後藤敬一社長は、こう明言する。

ダイハツ車は軽自動車のトップブランド、全国シェア35％を誇る。滋賀ダイハツ販売が販売エリアとする滋賀県下でのシェアは、その数字を上回る40％以上になる。それは「ヒト」すなわち社員のサービス力によって得られたものだというのだ。

マトリックス組織で「社長の分身」を生かす

滋賀ダイハツ販売は、1954（昭和29）年4月、後藤昌弘氏が滋賀県大津市に設立した滋賀ダイハツ株式会社からその歴史を刻みはじめた。

1966（昭和41）年、後藤昌幸氏が社長に就任、同年に滋賀ダイハツ販売に商号変更。本社を大津市から栗東町（現栗東市）に移した1993（平成5）年に現在の本社を新築。

そしてその翌年の1994(平成6)年、ちょうど創立40周年にあたる年に、現社長の後藤敬一が社長に就任した。

創業者が祖父、三代目社長が父、その後、プロパー社員2人が社長を務めたのちの六代目として、36歳での社長就任だった。

後藤は、「ベースとなる部分は父のやりかた、考え方を踏襲」しながら、時代の変化に対応して進化や変革をかさねている。会社の風土といったものは変えずに、さらに進化させ根付かせる。その土台の上に、新しいことを乗せていくというやり方だ。

「2位以下はすべて負け。トップをとらなければダメだ」とする後藤は、トップに立つには社員の力がなによりも重要として、社員教育を最優先事項に据える。

それを機能させるべく、組織も「ヒト」を生かす構造になっている。

滋賀ダイハツ販売では店舗、あるいは部門といった小さな組織ごとに独立採算制を導入しており、そのリーダーを分社長と呼ぶ。分社長というのは、分社の長ということではなく、「社長の分身」という考え方によるものだそうだ。

もちろん経営責任は社長の後藤が負うのだが、分社長はP/L(損益計算書)の実績をしっかり出すべく努める。その集合体が滋賀ダイハツという組織になっている。

たとえば安曇川店には、直販、業販、サービスの3部門がある。

直販は、直接店頭でお客様に販売する部門だ。

業販は、販売店経由で車を届ける部門。町の整備工場や、○×モータースといった家族経営規模で自動車整備業を手がける会社を経由してダイハツ車を販売してもらう。サービスは、整備など車のアフターサービスを受けもつ。

さらに「ハッピー」がつく部門があり、これは滋賀ダイハツ販売独自の名称で、中古車販売店に冠される。

安曇川店には、直販、中古車販売、サービスの3つの分社があり、業販はブロック単位で分社になっている。

この縦の構成とともに、横の組合せもある。よくあるピラミッド型組織であれば、たとえば新車部門、中古車部門、部品サービス管理部門の上に社長がくるが、滋賀ダイハツ販売の組織図では社長がいちばん下に置かれている。社長が全体を支える構図だ。

「主役は社員の皆さんですよ、という考え方によるものです。社長はみんなをサポートし、支える役目。役員も、上にドンと乗っかるのではなく、横から、各店舗、分社をしっかりとフォローしていく。それが役員の仕事だと明示しているのです」

タテ・ヨコで構成されるこのマトリックス組織は、「ヒト」に責任とともに権限ももたせるための施策だ。

社会的意義を優先し福祉車両を積極的に扱う

メーカーのダイハツが新しい車を開発すると、ディーラーの滋賀ダイハツ販売には販売目標が設定される。目標は台数。販売台数でメーカーとディーラーは契約する。ディーラーとしてダイハツの看板を掲げるには、これだけの台数を販売しますという責任が伴うわけだ。

販売するうえで、値引幅の大小といったことは、ディーラーの裁量に委ねられる。売り方に関してメーカーは介入しない。そこはひとえにディーラーのさじ加減で、ディーラー経営のポイントは量(台数)と質(利潤)のバランス追求になる。

量と質を高めるカギを握るのは、「ヒト」だ。

滋賀ダイハツ販売の社員数はおよそ400。店舗数は、中古車販売の拠点も含めて13。この体制で滋賀県全域をカバーしている。なお、13の店舗のほかに部品を供給するセンター、車検センターがある。

店舗運営には、顧客の声が生かされる。

その一例がフレンドシップ大津店。ここは福祉車両専門の拠点だ。車椅子ごと乗せられる車や、助手席がリフトになっていて、車椅子から横移動さえできれば自動的に車内におさまる車が常設展示されている。

2002(平成14)年にオープンしたときは福祉車両の販売店だった。けれど、「身体の不自由な方は滋賀県中におられますから、たとえば北のほうの長浜から大津まで来てもらうのは無理ですし、売ったとしてもメンテナンスやフォローが大津からでは大変」ということで5年後に店舗での販売はやめた。

いまは、たとえば長浜に福祉車両について知りたいという声があれば、フレンドシップのスタッフが車をもって行き、そこで実際にその方が使っている車椅子を収納できるのか、試してみる。そういうサポートをする拠点として機能している。

この種の車はカタログを見るだけで購入を決めてもらうわけにはいかない。使う人の状態にもよるし、車椅子にもいろいろな種類がある。実際に乗ってもらい、使ってもらう。あらかじめ登録した車も何台か用意し、試乗できるように3日間貸し出す。これなら使いやすいと、家族も含めて納得してもらえたら、注文を受ける。

直販だけでなく業販もあるが、業販もフレンドシップのスタッフがすべてフォローする。業販店は福祉車両に接する機会が少ないため、身障者の実情を踏まえた説明に不足が生じかねないからだ。

納車時もスタッフが立ち会う。もう一回、入念に説明をするのに加え、福祉車両の購入については市町村から補助金などが出ることもあるが、その申請の仕方や金額が市町村によって異なるため、この市ならこういう書類を用意して事前に申請しておけばいいといったノウハウを伝える。

こうした取組が奏功して、滋賀県ではダイハツ車が福祉車両の販売比率で日本一になっている。

「お客様の生の声」にボトムアップで対応

福祉車両の販売台数は月に15台程度。滋賀ダイハツ販売の年間売上162億円(2012年3月期)に占める割合は低いものの、「これからさらに高齢化が進み、介護を必要とされる方が増えれば、社会的にも非常に意義の高い取組であると考えてやっています」という。

「儲かるか儲からないかという価値基準で考えたら、やめたほうがいい、となりますが、会社の価値を高めてくれるという意味でこの取組は、わたしは大成功だと思っています」とも。

こういう取組は、「お客様の生の声」から生まれるのだという。

「お客様の声を聞いて、当社としてどう対応するかと、常にそういう目線で考えるようにしています。意義のあることはどんどんやれ、どんどんやろうという、そういう風土があります」

後藤は社長として、顧客に喜ばれること、社会的に意義のあることはどんどんやっていこうという姿勢を示す。現場で直接顧客と接する社員は、生の声を吸い上げ、それを社長と役員に伝える。

滋賀ダイハツ販売では、半期すなわち6か月間の目標と実行計画を、分社ごとに策定している。なかには分社合同での目標と計画もあるが、目標を達成するには何をどうしていけばいいという取組内容も、分社ごとに練る。

その進捗状況を社長、役員に報告するレビューの場が一か月ごとに設けられており、レビューにはかならず顧客の生の声を含めることになっている。レビュー時の報告書には、目標と実績、実行計画の進捗状況が五段階評価で数値化されて記載される。さらにプラス事項とマイナス事項がある。それとともに「お客様の生の声」が求められている。店舗の社員は受け止めた声を日々入力しておき、レビューに備える。

社員は十分な情報収集に努めるし、集めた声は社長や役員にかならず届く仕組だ。レビュー前にはメンバー全員が集まって数値の判定を行ない、その原因と対策をチームごとに話し合う。そのときも含めて、常に「お客様目線でものごとを考える」歯車が作動しているのだ。

「お客様の声についてわたしが指示を出すこともありますが、自分たちで実行できることはすぐに対応しています。トップダウンではなくボトムアップで自主的に実行に移す風土ができあがっています。ですから、チェックするのがわたしの仕事です」

そういって笑う後藤は、「お客様の声が出てから対応するのではなく、こういう声が出るであろうという未来的な仮説を立てて対応しておく。今はそういう対応の推進に取り組んでいます」という。

毎朝7時半から報告と勉強の場をもつ

後藤は朝早くから動く。毎日、7時30分にはどこかの店舗に行っている。

報告を、その時間から受けるのだ。報告を受ける時間は10分。それについて後藤がフィードバックするのに5分。1チームにつき15分で、2～3チームに対応する。

今日はどこの店舗、明日はどこの店舗とスケジュールを組んで、月に一回のレビューを欠かさない。

8時までがレビューの時間。8時10分からは、その店舗で早朝勉強会を行なう。勉強会は9時10分まで。そのあとも必要があれば9時30分の始業時間まで、またレビューに対応する。

早朝勉強会の目的は、「経営理念を浸透させること」だという。

「テキストがあって、それを使います。わたしが一方的に話すのではなく、社員の感想を聞いて、それに対してわたしがフィードバックするというかたちです。要するに、すり合わせをちゃんとして、考え方を合わせていこうというものです」

いまテキストに使っているのは、株式会社武蔵野の代表取締役社長小山昇氏の著書『仕事が出来る人の心得』(阪急コミュニケーションズ刊・2012年)という書籍だ。小山氏独自の経営用語解説が辞典のように構成されている。たとえば「教育」をひくと、「ほめること、おだてることです。やってみせて、させてみて、ほめてあげたあとで、必ず一言アドバイスをする。」とある。

「ひとつひとつの用語解説について、まずランダムに社員にあてていき、社員の感想を発表してもらったあとで、わたしがいろんな事例をまじえながら解説する」という形式ですすめている。

滋賀ダイハツはこういう考えでやっている、ここの部分は大事だから意識しながらやってください……といった話を後藤がするのだという。

早朝勉強会は勤務時間外に行なわれるものだから、出席は社員の任意。義務づけられているものではない。出席すると、スタンプカード「一〇〇回帳」に、一回につき一つ、後藤からハンコをついてもらえる。ハンコが100個貯まると5万円の旅行券がもらえる。

この「一〇〇回帳」のハンコは、ボランティア活動への参加や、指定書籍を読んで感想文を社長に提出したときにももらえる。「早い人だと、2年半くらいで100のハンコを貯める」そうだ。

「底辺の仕事から」と社長自らトイレ掃除を実践

社員教育の一環として、トイレ掃除も行なっている。

まずは後藤がはじめた。社長に就任して間もないころだった。

「社長に就任したとき、わたしはまだ若かったですし、世襲でその座に就いたわけです。実力があって、経営能力にすぐれていたから社長になったわけではありませんでした。経験もないし知識もない、能力もないという状態でした。すぐれた経営者のような仕事は、できるはずがありません。まずはいちばん底辺的な仕事からちゃんとやっていかなければということで、社内のトイレ掃除をはじめたんです」

きっかけは、自動車用品販売のローヤル（現イエローハット）の創業者、鍵山秀三郎氏との出会いだった。鍵山氏は粗野で乱雑だった自動車用品の販売業界を改善するために自らトイレ掃除を率先し、のちに「日本を美しくする会」を誕生させた人物だ。

「鍵山さんとは、父がお付き合いさせていただいていました。そのご縁で、鍵山さんが岐阜県に来られるので参加しないかというお誘いをいただいた」のだった。

まだそのころは掃除をする活動に参加する人は少なくて、鍵山氏の横でいろんなことを教わることができたという。

鍵山氏は、トイレであろうと、手袋を使わずに素手で掃除する。

後藤は、「最初はおっかなびっくりで、目をそらしたりしていましたけど、いつの間にか頭を突っ込んでやっていました」と当時を振り返って笑う。

「それで会社が変わったなと思いますね。社員も、最終的にはみんながそういうことをきっちりとやれるようになってきましたから。いまも学校のトイレ掃除を、子どもたちと一緒にやっています。結構、いいものですよ」

社員は就業時間中にトイレ掃除に出向いてもOK

滋賀ダイハツ販売は、「滋賀掃除に学ぶ会」の事務局でもある。

滋賀県では、教育委員会等が学校支援メニューに掃除活動を取り入れており、いつどこの学校で実施するからと滋賀ダイハツ販売に依頼が寄せられる。

学校だから実施されるのは平日になる。授業の3時限目と4時限目を使ってやりたい、といった依頼だ。

社員は就業時間中に仕事を抜けて出向くことになるが、「うちの社員は上手に都合をつけて、何人かは参加してくれます」という。生徒数やトイレの場所によって参加する人数はまちまちだが、トイレが10か所あれば最低でも10人は行く。一か所ごとに社員がリーダーとして必ず立ち会う。

とくに2月3月は学校の卒業時期とあって、卒業生が最後に学校に恩返しして巣立ちたいと、トイレ掃除がブームのようになっている。社員は忙しくなる。

けれど、なぜ仕事の合間をぬって掃除に行かなければならないのか、といった疑問の声が社員から上がることはないという。社員はむしろ、そういうことをやっていかなければいけないという思いで取り組んでいるそうだ。店舗では、「今日、いないけど?」「掃除!」「ああそうか」というやりとりが、交わされる。つぎはどこのだれが当番というような決まりもない。

トップダウンではなく、社員の自発的、自主的な参加だ。

「基本、わたしは断ってはいけないよといっています。最初にできないというのではなくて、どうやったらできるかを考えてやっていこう、そういっていたら全部こなしているのです。わたしは『一〇〇回帳』のハンコを押すだけです」

掃除に費やす時間を仕事にあてれば車が売れるかもしれない。けれど、人の役に立つ、人を喜ばせることが自分の喜びであり、自分の価値を高める、だからそちらを優先するという価値観が社員に根付いているという。

「滋賀掃除に学ぶ会」の活動実績は、1996(平成8)年から2013(平成25)年7月10日までで146回になる。学校だけでなく、企業や団体からの依頼もあり、それを含めた数字だ。

こうした取組は、いわゆるCSR(企業の社会的責任・社会貢献)活動である。こうした活動を通じて「子供たちの笑顔」に接することでいわゆるES(社員満足)は向上する。そして何よりも会社をあげてトイレ掃除をするということ自体が会社に対する帰属意識と誇りを増進させＥＳを高めることになる。一時的に車を売ることができないことで生じる利益の損失よりも、ＣＳＲ活動によって得られるブランド力ともいうべき社会的信用力が会社としての成長可能性を高め、さらに社員のやる気を起こすという好循環を生み出すのである。

滋賀ダイハツ販売の応接室には、子どもたちと社員が笑顔でおさまった写真が飾られている。子どもたちの感想文も添えられている。

「子どもたちは、掃除をすれば成果が目に見えますから、うれしいようです。おそらくこの体験は忘れないのではないかと思います」という後藤は、「大人が、一生懸命背中で教えないと……」ともいう。

会社の価値観に合う人を社員に採用する

トイレ掃除は、「基本は自分たち大人の心磨き」としてはじめたものだ。

「こういうことが学校教育に導入されたらいいな、その流れをつくれたらという思いもありましたが、そもそもは自分たちが生きていくうえで大事にすべき考え方であるとか、謙虚に生きていく姿勢であるとか、そういったことを学ぶには、やはり下座業《げざぎょう》的な、人がいやがることをすすんでできる人間でなければいけないだろう。そのためにいちばんいいのがトイレ掃除だろうということだったんです」

かつては、どこのトイレを掃除すればいいかと考え、公園のトイレもいいけれどやはり学校だろうと、学校に「どうかトイレを掃除させてください」と頼みに行ったという。

ほとんどの学校で断られた。見ず知らずの外部の人間をトイレ掃除に迎え入れるわけにはいかないという理由である。校長が主旨を理解し、いいといっても職員会議で否決された。

そういう状態がつづいていたけれど、教育委員会が活動メニューを募集していたので応募してみたら、ポツポツと依頼がくるようになった。すると、学校間で「あれ、よかったよ」と情報が伝わり、あるいは異動した先生が異動先の学校で広め、学校から依頼が寄せられるようになった。いまや滋賀ダイハツ販売の店舗のある周辺の学校に広範囲に広がっている。

入社を志望する学生には、滋賀ダイハツの社員になったらこういうことも普通にやれないとだめですという説明をする。トイレ掃除の様子を撮った写真も見せて説明する。

「それはいいことですよねと価値観が合う人でなければ、あとで本人も会社も困りますから、納得したうえで入社してもらいます」

入社希望者は多く、高いレベルでの選別ができる状態だが、採用は地元出身者に限っている。

県外出身者だと一人暮らしになるため、挫折する人もいるからだ。早朝勉強会もあり、夜も遅くなることもあるため、食事、洗濯などをこなすのは容易ではない。ということで自宅から通える人を採用条件にしている。それが、地域のことをよく知っている社員という効果ももたらしている。

元来、自動車販売事業はノルマが厳しいうえに給料が安いという典型的な業種で、大学生が希望しない業種のひとつといわれている。そんな業種であるにもかかわらず滋賀ダイハツのもつ魅力が働き甲斐につながり、人材育成の原動力になっている。

「1時間待っていても苦にならない」店舗づくり

自動車販売の環境は、バラ色の未来が広がっているわけではない。少子化に加え、

スタッフの対応も顧客サービスの一つ

若い人がかつてのように車に憧れをもたず、興味はゲームやスマートフォンなどに分散・多様化している。

後藤はつぎのように語る。

「大きなトレンドとしては若者の車離れや少子化によって免許取得者が減ってきており、マーケットは縮小傾向にあります。けれど滋賀県という限定した市場で見ると、人口が増えている県のひとつですし、公共交通機関が発達していないので、車がなければ不便でしかたない」と。

しかも自動車ユーザーの志向は低価格で燃費のよい軽自動車に向かっており、ダイハツ車にとっては、時代の流れは「逆風ではない」とも。

ただ、それだけに競合も激しくなって

いるようだが……。

「競合はいつもありました。われわれディーラーは、たえず選ばれるお店、選ばれるスタッフであるようにしなければならない。そのためにお客様の生の声やお客様アンケートの意見を、すぐに取り入れ、改善していくことを繰り返しているのです」

顧客は、デザインや性能、価格、燃費といった要素から、どのメーカーのどの車種にしようと選択肢を絞っている。いくつかのディーラー店舗を回って最終的に購入の意思決定をするときに、選ばれる店、選ばれるスタッフになるように、たえず高度化に取組むというのが後藤の考えだ。

「車は滋賀で買っても京都で買っても同じですから、車の魅力だけで競っていたら全国平均くらいのシェアしかとれません。その上にいくには、お客様から見たディーラーの魅力やスタッフの対応、店舗の雰囲気がものをいいます。あ、これはわたしにぴったりのお店だとか、わたしが探していたのはこんなスタッフのいるお店だとか、ここで買ったら安心だ、面倒見もいいし……というようなところで抜きん出た地位にならなければならないというのが、わたしどもが追求している姿です」

いわば顧客満足（ＣＳ）をどこよりも強く意識し、スピードも含めて適宜対応しているのがわれわれの特長だと後藤がいうとおり、滋賀ダイハツ販売の店舗は、たとえばキッズコーナーはいつも整頓されている。女性の化粧室は清潔に保たれ、授乳室もゆったりととられている。置かれている雑誌の種類は豊富で、コミックも揃っている。

後藤は社員に、「あるべき姿の一つの方向性として、たとえばこういう店とこういう店があったらどっちがいいでしょう、そういう目線でより高いレベルを目指しているのが滋賀ダイハツです、というような話をよくします」という。

その成果として、「軽自動車ユーザーには女性も多いですから、子育て層がお子様連れでこられてオイル交換をされるような場合、20～30分は待っていただくことになりますが、一時間待ってもここなら苦にならないとか、ダイハツに行くよというと子どもさんが先に車に乗って待っているとか、そういう声もたくさん聞きます」という。

女性社員の比率が3割近くと、ディーラーのなかでは高い。「女性の能力を非常に高く買っている」のが基本だという。店舗の隅々まで行き届いた整理やこまやかな対応にも女性の視点が生かされている。

お客様がさきに「ありがとう!」をいう仕掛け

店舗運営の具体策は、それぞれロケーションなどに応じて店舗ごとに工夫していく。

もちろん、ある店舗でうまくいったやりかたは横展開するし、社員はたがいに他店舗を見て勉強するものの、「われわれが目指すサービスは、マニュアルをつくって、そのとおりにすれば事足りるようなものではない」とする後藤は、「さきに理屈を教えても、おそらくわからないだろうと思います。ですから理屈ではなく、まず形を教えるようにしています」という。

「形から入って心に至る」というのが後藤の考えだ。わからなくてもいいから、まず形を身につける。すると意味や理屈はあとでわかってくる。

滋賀ダイハツ販売の店舗入口のドアは、自動ドアではない。手押しドアだ。

「お客様がこられると、スタッフがドアを開けます。いらっしゃいませと。するとお客様は、ドアを開けてもらったことに対して、ありがとうといってくださいます。本来はこちらがありがとうございますといわなければならないのに、お客様のほうがさきにいってくださるのです」

新入社員は、なぜだろうと不思議がる。これ、逆ではないの？

新入社員に、「走ってお出迎えしなさい」と指示する。指示を実践すると、お客様が「ありがとう！」といってくださる。こうして自ら体験すると、「なるほど、こうすればいいのか、こうしなければいけないのだ」と形の意味がわかってくる。

かつては自動だったドアを、後藤は手押し式に替えたのだという。

「ありがとうといっていただける形づくりの一つです」

素早く来客を迎えに動けるようにと、店舗にいる営業スタッフは一日中ずっと立って業務をこなす。パソコンに向かうときも、腰高のテーブルに置いて立ったままだ。

「わたしの口からいうのもおこがましいのですが」と前置きして後藤はいう。「いろんな企業のかたが視察にこられて感心されますが、実践されるところはありません。やりたくてもできないのでしょう。というのは、わたしどもの社員は、座っていてお客様へのサービスに一歩遅れをとることは恥ずかしいことだという価値観をもっています。社員がお客様によろこばれることに価値を見出してこそ可能になるのです」

滋賀ダイハツ販売は、全国のディーラーのなかで常に上位の実績を上げている。ダイハツ総合表彰、特別栄誉賞、ダイハツお客様満足度優秀賞といった賞状が社内にずらりと掲げられている。

「ディーラー同士がしのぎを削るなかで、常によそ以上のことをしようとサービスの強化に努め、社員力の強化を図っている成果です」

「社員教育をすべての業務に優先」がスローガンとしてではなく、社内に根付いている証左だろう。

価格の端数にこだわりながらもアットホームな職場を育てる

36歳で社長に就任するまで、後藤は楽器メーカーに勤めていた。「跡を継ぐための修業といったものではまったくなかった」という。「音楽が好きでバンドもやっていましたから、その延長線上で就職し、楽器をつくりながら、音楽もたのしんでいた」のだった。

入社して5年目を迎えようという時期に、父から電話があった。

「お前のおじいさんがつくった会社だぞ、お前が跡を継がなくてどうするのだというのです」

入社5年になると主任といった立場になり、部下もできる。辞めて会社に大きな迷惑をかけずにすむうちに後継者として呼び戻そうという父の配慮だった。

「そう、じいさんがつくり、親父が育てた会社だ。つぎは自分がやらなければ」と、すっぱりと辞めて跡を継いだ。

「ほかの会社で働いた経験は、ものすごくプラスになっている」という。

「生産現場にいましたから、いかにして製造コストを下げるか、工夫していました。

ネジ3本で留めているところを2本で留められるようにできないかとか、金額にすれば1円2円の削減に懸命に取り組みました。工場の製造現場の苦労を身にしみて知った目で見ると、販売会社のお客様との現場で、平気で1万円2万円値引きしているのが、どうにも腑に落ちないのです。これはおかしいぞ、こんなことをしていたらつくっている人に申し訳ないと感じましてね」

後藤は、端数の1円単位でもおろそかにしないように努めた。それもサービス力と社員力の強化につながっているのだろう。

滋賀ダイハツ販売は、社員のクラブ活動も盛んだ。野球、サッカー、フットサル、ウインドサーフィン、軽音楽などなど。後藤も、軽音楽部の現役プレーヤーだ。

教育サービス支援室の南裕介が社員の立場からいう。

「業務時間以外でも、クラブ活動や社内旅行など社員同士がコミュニケーションを図り、親睦を深める機会が多い会社だと思います」

後藤が「うちは社員の定着率はいいです」という背景には、会社の特色として謳われている「アットホームな職場」の魅力もあるようだ。

2014(平成26)年は、同社の創業60周年にあたる。後藤が社長に就任して20年。会社を存立維持させてきたのは、制度と教育の両面から「ヒト」を生かす後藤の経営手腕と、それに応える社員との連携プレーによるだろう。

これからも「ヒト」を育て、一人でも多くのお客様によろこんでいただきたいという後藤の取組はまだまだ進化するだろう。

◎後藤敬一（ごとう　けいいち）

１９５８(昭和33)年滋賀県大津市生まれ。滋賀県立膳所高等学校から静岡大学に進み、卒業後は株式会社ローランドに入社。１９８４(昭和59)年に滋賀ダイハツ販売株式会社入社。取締役、常務取締役を経て１９９４(平成６)年10月、社長に就任。若さと情熱でつぎつぎと改革を推進。イエローハットの創業者鍵山秀三郎氏に師事し、トイレ掃除の奥義を学び社員にもその心を伝える。現在は「日本を美しくする会　滋賀掃除に学ぶ会」代表としても活躍している。

◎滋賀ダイハツ販売株式会社

設　　立　１９５４(昭和29)年(滋賀ダイハツ株式会社として)
資 本 金　２億５０００万円
従 業 員　４０４名(嘱託・パート54名を含む)
売 上 高　１７１億円(２０１３年3月期)
事業内容　ダイハツ車全車種および各種中古車の販売・整備
　　　　　部品・各種用品の販売、カーリース、各種保険代理店業務
本　　社　滋賀県栗東市大橋４丁目１‐５
　　　　　電話　０７７‐５５１‐００８１
　　　　　http://www.shiga-daihatsu.co.jp

神戸鈑金工業株式会社

強い会社であってこそ社員を幸せにできる だから強いリーダーシップでヒトを育て、強い下請企業にする

藤谷良樹社長

神戸鈑金工業の社員は、毎年一冊の手帳を会社から支給される。就業中はこれをかならず携帯することになっている。

胸ポケットに納まるサイズの、見たところ市販のものと変わらないつくりだ。けれどぺージを開くと、それぞれのぺージに神戸鈑金工業ならではの情報が刷り込まれている。

藤谷良樹社長は、こう説明する。

「わたしどもは4月はじまりの3月締めなのですが、6月からつぎの年の5月までを一クールとして、いろんな計画を立てます。その計画とともに、わたしの考えや、それに基づく行動基準、そういったものすべてを手帳に込めて社員一人ずつに渡しているんです」

はじめのほうのページには経営理念が記されている。「私たちは自立したお互いの個性を尊重し、モノづくりを通して共に『信頼』し、働く喜びを分ち合い社員の成長と幸せを目指します」……といった文字が並ぶ。

「この会社にいるかぎり、経営理念は社員として当然知っていなければなりません。あるいは中期3ヶ年計画は、会社はこんなことを計画しているよと社員に向かってボールを投げる意味合いを込めて示しています。行動基準は、わたしがこの会社で働く社員に対して、こうしていただきたいということ。すべて、わたしが経営者として社員にお願いしたいことを書いているもので、これ以上もこれ以外もないといえます」

この手帳が神戸鈑金工業の「ヒトづくり」の重要なツールとなっている。

社員に求めることを具体的に示す

「中小企業の社員は、わたしも含めてですが、一流ではありません。すごく能力が高いわけではない。だからといって期待していないわけではないのですが、いくら頑張れ、頑張れといっても、何をどう頑張ればいいのか、社員はわからないのではないでしょうか。それではいけませんから、まず会社の計画やわたしが社員に求めることをできるだけ具体的に示して、承知しておいてもらうべきだと思うんです」

手帳は、藤谷のそういう意図から生まれたものだ。

藤谷は１９６０(昭和35)年生まれ。大学卒業後ほかの会社に6年間勤めたのち、１９９１(平成３)年、神戸鈑金工業に入社した。

神戸鈑金工業は１９４４(昭和19)年創立。２０１３(平成25)年に創立70周年を迎えた。

主力事業は、建設機械の特殊部品の開発・設計・制作。ショベルカーのボディパーツやクレーン車のボディ・運転席など、薄い鉄板をベースにするものを得意とする。建設機械メーカーの一次下請の立場にある。

神戸鈑金工業の本社・工場

藤谷が入社したころは、年間売上高が10億円といった規模だった。バブル最盛期は16億円程度の売上があったものの、バブルが崩壊し景気が下降しはじめると、業績もずるずると下がっていった。「あのころは、しんどかった」という。

工場は古く汚く、売上規模も小さい下請企業だ。社員を雇うにも、中途入社者ばかり。新卒者は入ってこないような状況だった。当時社長だった父親は、「息子をうちの会社に入れていいのか」と思っていたようだと振り返る。

母親から「お父さんはあなたたちのために働いている」と聞かされていた藤谷は、就職した会社はキリのいいところで辞めて、父親の跡を継ぐ意思を固めていた。弟（現専務取締役）が藤谷よりも2年早く入社していたこともあって、入社にためらいはなかった。

2009（平成21）年、現在の社屋・工場が完成したのを機に、藤谷は父親から社長の座を引き継いだ。藤谷が三代目社長になる。

現在、社員の平均年齢は34〜35歳。先代の時代に新入社員を入れなかったことと、ベテラン社員が高齢になって退職していったことによる自然減、それに藤谷が新卒社員の採用をすすめたことで、急速に若返りがすすんだ。

取締役や部長クラスも、得意先から転籍で移ってきた幹部を除けば、ほとんどが50歳前後である。

中間層はあまりおらず、多数を占める30〜35歳の層が現場の主力だ。「課長というのはおこがましい」年代ということで、グループ長あるいはリーダーと呼ばれる立場に就いている。

定期的な新卒採用を行なうようになったのは、藤谷が社長になって以降の1995（平成7）年くらいから。加入している兵庫県中小企業家同友会の共同求人を通じてはじめた。

いまは、スタッフ部門は短大卒以上、現業部門は高校卒が基本になっている。

身近な目標で達成感を実感させる

組織は、神戸鈑金工業株式会社（KBK）を親会社として、製造部門は神和鈑金工業株式会社（SBK）に分社化されており、スタッフ部門の新入社員は神戸鈑金工業に入社、製造現場で働く新入社員は神和鈑金工業に入社する。

社員数は、神戸鈑金工業が40名あまり、神和鈑金工業が70名弱。合わせて約110名になる。

スタッフ部門は裁量労働制が導入されている。現業部門は始業・就業時間が定まっていて、タイムカードによる時間管理を行なっている。先代社長の時代に労働組合とのあいだで軋轢を生じ、その解決策として敷いた体制の名残だそうだ。

新卒者の採用をはじめた当初は、高卒の現業部門社員については歩留まりがあまりよくなかった。4割程度は辞めていったという。

「残った社員がいまちょうど30歳ちょっとです。中途採用者と、派遣社員としてきていた人を正社員として採用し、何とかやりくりして人員を確保してきたのがいまの状況です」

給与水準は低くない。四大卒の初任給は大手企業と同水準にある。それでも「福利厚生などを含めてみれば、やはり圧倒的な差があります」と藤谷がいう要因もあるし、新卒者は名の知れた大手企業志向が強いだけに、迎え入れた社員をどのようにして定着させ戦力化していくかが、いまも大きな課題としてある。

社員の定着率をよくする施策として、毎月の遅刻、早退など勤怠状況をカウントし、目標数値をクリアすれば現金を支給するK3KCS賞と名づけた報奨制度を設けている。社員にとって身近な目標への取組から、職場や会社への帰属意識を高め、責任感をもたせようという狙いだ。

「ゲーム感覚でやっています。去年あなたのグループは遅刻が多かったけど、今年は半減を目差そうね、といった調子で毎月カウントして、3か月間目標をクリアしたら現金で賞を出しますといったものです。グループで取り組みますから連帯感も生まれるでしょう。目標を達成すれば、達成感を実感することになります。そういうところからすすめないと。いきなり会社の経営数値に関心をもつようにしようと思っても、カラ回りするでしょう」

一冊の手帳に「すべて」を込める

手帳は、社員にとって会社を身近な存在にさせる役割を担う。

これまでも新年度のスタートにあたっては経営計画を立て、その数値目標や活動内容を社員に伝えていた。その経営計画書は、A4サイズだった。

「製造現場で仕事をする社員は、そんな書類をもち歩きません。もてませんから」ということで、2012(平成24)年度から「経営計画手帳」に切り替えた。

カリスマ社長として知られる小山昇氏(ダスキン顧問、株式会社武蔵野代表取締役)が提案しているやりかたを導入したものだ。

「プアなイノベーションよりもすぐれたイミテーション、ということです。すぐれたやりかたは貪欲にどんどん真似していこう、というのがわたしのやりかたです」

コンパクトで胸ポケットに入るサイズにしたことで、就業中はつねに携帯するように、と促す説得力が高まった。会社の方針も浸透しやすくなる。

「役員と話し合いながら生の言葉をまとめたところもありますから、表現が整理されていない面もあります。ただ、この手帳に示したことに反対する人は、うちの会社の社員としては不適格だと思っています」

そう藤谷が明言するほど、会社の「すべて」が詰まっている。

行動指針として掲げられているひとつに、たとえば「能力より人間性の評価」というものがある。とかく能力を重視しがちな時代だが……。

「うちのような中小企業で、そんなに能力ばかりを求めて、どうするのかという側面がありますし、それだけではなく、やはり人間性は評価しなければいけないと思います」

社員には当然、能力の発揮も求めるけれど、人間性がなおざりにされてはならない。困っている人がいれば助ける姿勢をもっていてもらわなければ困る。自分の目標に向かって挑戦することも怠ってほしくない。そういう藤谷の考えを示すものだ。

社員はこの経営計画手帳を日々折りにふれて使う。たとえば朝礼では、今日はここを明日はここをとみんなで読む。

全社員の氏名と写真も掲載されている。日々のスケジュールが書き込めるページに社員の誕生日も載っているので、社員同士が情報を共有できる。

藤谷は、「新入社員はともかく、それ以外の社員の顔と名前はすべて覚えている」そうだ。

社員と話す場づくり

藤谷が心配するのは、会社が急成長したことによる歪《ひず》みだ。

業績が右肩上がりで伸びてきたので、組織が拡大し社員数も増えた。

製造業にありがちなことだが、現業部門とスタッフ部門とでは、経営数値に対する受けとめかたや問題意識にも、ずれが生じがちだ。

目標への取組も、一人ひとり自立して考えることが求められるスタッフ部門に対し、現場では号令のもと集団で対応することが求められる。致し方ない面もあるのだが、たとえば会社方針の伝達系統が、トップから幹部に、幹部から一般社員にとつながるべきところが、「急成長したため、組織がそういう構造になりきっていない」と藤谷はいう。「これまではみんなで一緒にやっていこう！　というノリでやってきたので、ヒトを育てる、教育するということはあまり意識していなかった」とも。

経営計画手帳は、「今後さらに教育プログラムを充実させることが必要」だとする第一歩でもある。

現在もたれている人材教育の場は、つぎのようなものだ。

朝礼は毎日。部ごとに行なわれる。

リーダーミーティングは毎週一回。各部署のリーダーが集まり、世の中の動きなどについてそれぞれがコメントしコミュニケーションを深める。藤谷も参加する。

誕生日会は、毎月一回開かれる。その月生まれの社員が社員食堂に集い、経営数値の報告や、社会の出来事に対する意見を披露しあう場だ。

誕生日会では、会社から社員一人につき牛肉一キロがプレゼントされる。先代の時代から行なわれている恒例のお祝いだという。

「社長塾」も実施されている。年6回、将来の幹部候補と目される社員を一回につき4名ずつピックアップし、経営計画手帳に書かれていることについて議論するといった内容だ。午後いっぱいを使い、終わったあとは夕食をともにする。

社長塾の参加メンバーは藤谷が指名する。選ばれた社員は名誉に感じる一方、「社長としゃべるのはむずかしい」「何をしゃべっていいのかわからない」という声もあるそうで、そのあたりが「アットホームといえるけれど、まだまだ感覚がぬるい」と藤谷の目には映ることもある。

「中途採用で入ってきた社員は、うちより大きい会社で働いてきた人が多いですから、社長と直接話ができる機会があることにまず驚き、これをチャンスととらえて、積極的に自己アピールする傾向があります。新卒者は、うち以外の会社のことをあまり知りませんから、これが当たり前だと思っていて、こういう場を生かそうといったパフォーマンスを示そうとはしません。そういう2つのタイプがほどよく混在するようになったことが、これから活きてくるかなとは思っていますが」

中国の現地法人二社の董事長（中国で、取締役会長や理事長にあたる役職、実質的な経営トップを意味する）も務める藤谷は、ことあるごとに積極的に自分を前面に出してくる中国人社員と接するので、「ぬるさ」をなおさら感じるのだという。

いずれの場も、「教育と呼べるようなものではないかもしれませんが、社員を定期的に集めて、会社についていろいろな話をする機会をつくることからはじめよう」というものだ。

得意先一社のナンバーワン下請になる

神戸鈑金工業の売上構成は、ショベルカーやクレーン車などのボディパーツ、ドア製造が全体の90％近くを占める。残りは鈑金技術を生かしたコンプレッサーの製造などだ。

主要得意先は、コベルコ建機、コベルコクレーンなど神戸製鋼所グループの企業である。現在コベルコのボディについては、独占的に製品を納めている。

その理由は、建設機械の部品は特殊な製品に特化したものであるため、完成品メーカーの生産ラインの延長線上にある位置づけとなるからだ。

「レアな業界です。建設機械のドアならドアだけつくる、塗装は塗装だけを専門に手がける、その設備を整えるだけでも大きな投資になりますから、それぞれのパーツを手がける会社が完成品メーカーの延長線上にいくつも存在しているのです」

建設機械の主な完成品メーカーには、コベルコのほかに、コマツ、キャタピラージャパン、日立などがある。そういった会社にも同様の下請企業が多数存在している。

新規得意先を開拓し参入するのはむずかしい事情にある。とともに、特定の得意先との深いつき合いが求められる。

神戸鈑金工業では、２００２(平成14)年に設立した技術開発センターを広島に移転し、広島サプライセンターと改称した。これもコベルコ建機の主力工場が広島にあるからだ。

売上も得意先も過度に特定の会社に依存するのは、一般に経営の常識としては、あまりよくないとされる。リスク分散ができないからだ。

そのために新規得意先に食い込んでいこうとする企業が多いのだが、藤谷は一社への依存度が高いのはリスキーであることは重々承知のうえで、「まずは一社の得意先にとってナンバーワンの下請にならなければダメだ」という。

大きく需要が低下するような事態が生じたときに、真っ先に切られるのは新規参入した下請だからだ。そもそもどこかの会社にがっちりと食い込むことができなければ、他社に手を広げていくこともできない。

藤谷は、鈑金技術を活かして取扱製品を別の用途に広げる横展開ができないかと模索している。

まず、潰れない「強い会社」にする

中小企業経営者のなかには、いざとなったら会社を畳み、保有している不動産を活用して店をはじめるとか、アパートやマンション経営に乗り出せばいいと考えている向きも少なくない。

しかし藤谷は、そうしたことをするには「中途半端に大きくなってしまいました。もうやめるにやめられません」と笑う。

先代社長は、そうしたことを考えていた時期もあったという。

「もしも親会社に切られるようなことになったら、社員にはきちんと退職金を払い、できるだけ迷惑がかからないようにして、残った土地にマンションでも建てればいい、と親父は思っていました」

藤谷は、兵庫県中小企業家同友会の勉強会に参加したこともあって、社長になったころは社員の幸せ、社員満足（ES）というものを第一に据え、その実現を理想としていた。しかしここ5、6年は考えが少し変わってきたという。

「いちばんは、やはり強い会社になって、潰れない会社になることだと思います。品質でもコストでも、ほかの会社に負けない強みがベースとしてあって、そのうえに社員の幸せや社員満足（ES）があってはじめて、お客さんも満足（CS）してくれるでしょう。以前は社員の幸せだとか社員満足が最優先だといっていたのですが、いまは順番がちがいます。強い会社になれば、売上も上がり、給与や賞与も増えるのですから」

社員の幸せ、社員満足……。もちろん大事なことであり、社員を大切にする考えは当然のこととしてもっている。しかし、それも会社あってのこと。会社が継続できなくなれば、理想は夢と散ってしまう。

強い会社にすることが、社員の幸せになるということだ。

経営計画手帳には、デコレーションケーキのような図が描かれている。

「いちばん下の土台になるところが強い会社づくりです。そのうえに社員満足（ES）がきます。ちゃんと給料が払えないような状態では社員満足もなにもないですから。そして最上段の三段目が、お客さんに感動を与えること。この順番になるでしょう。順番をまちがえないことです。いい経営者になろう、いい会社をつくろう、社員は経営のパートナーとして大切にしよう、お客さんに感動を提供しよう。こういうことを追いかけるだけではわれわれのような中小企業は生き残れませんから」

社員はこの図を見て藤谷の考えを知る。その理解がさらに深まるように、「財務内容もある程度のところまではオープンにしています。これくらい収益が出なければ賞与はこれだけになるよという話もします」という。

そういう会話を社員と交わせるようになったのが、会社の成長ととらえている。

「規模が小さく、工場も汚かった時代は、新しく社員が入ってきてくれることは、まずありませんでした。それだけに、入ってくれてありがとう、という思いがあって、甘やかした面もあったと思います。しかし売上が増え、規模が大きくなってくるにつれて、気に入らないのなら辞めてもいいよとまではいわないにしても、合わないのならいいよ、くらいはいえるようになりました」

社員が大切だということは変わらない。けれど、会社が生き残っていくためにも最低限これはやってもらわなければ困る、甘えてはダメだ、ということをいえるようになってきたのだという。

社員のほうも、意識が変わってきているようだ。これはやらなきゃいけないな、ここは頭に入れておこうとする手ごたえを藤谷が感じられるようになったそうだ。

経営計画手帳にある行動基準に、「成長を願い、挑戦する」というフレーズがある。社員一人ひとりが自分で考え、やりたいことにトライしていってほしいという思いを込めたものだ。上からの指示がなくても、社員個人、各部門が自分たちで考え、行動していってほしいと藤谷はさらに期待をかける。

20年近く業績右肩上がりで社員数400に

神戸鈑金工業の業績は、この20年近く、ずっと右肩上がりを続けている。

経営計画手帳に記載されている数字を追うと、2001(平成13)年3月期の売上高が14億円。それが2012年(平成24)年3月期は56億円になっている。リーマンショック直後こそ少し落ち込んだものの急成長を続けており、今期の売上見込は66億円。

「まちがいなくクリアするでしょう」と藤谷はいう。

建設機械に追い風が吹いているという要因もある。2014(平成26)年4月からの消費税増税を前に、マンションや住宅の建設が駆込需要で盛り上がっており、建設機械の生産も増えているからだ。加えて、同じく2014(平成26)年4月から建設機械の排ガス規制が強化されることも需要を増やす要因となっている。

しかし、そういった需要増は一時的なものにすぎない。

業績伸長の要因を求めていくと、「ヒト」に行き着くのだが、直接的な第一の要因は、2002(平成14)年に、ライバル企業4社を傘下におさめたことだ。

神戸鈑金工業は、建設機械メーカーの一次下請の立場にある。いわゆる親会社の主要得意先から、下請企業を集約し効率化したいので、という要請によって同じ立場にある一次下請企業4社をグループとしてかかえることになった。

4社はいずれも後継者難や財務体質の悪化といった悩みをかかえており、神戸鈑金工業のグループ企業になることで生き残りを図ろうという側面もあった。4社の売上が神戸鈑金工業のものとなり、4社への支払いは当然に神戸鈑金工業が行なう。

同社の技術力・開発力が見込まれてのことだった。

第二の要因は、開発部隊を立ち上げたこと。

2002(平成14)年に技術開発センターを開設、得意先メーカーに社員を常駐させ緊密なコミュニケーションを図りながら得意先のニーズに対応するようにした。

それまでの「こういった製品をつくってほしい」という注文に応える下請業務から、「こういった機械はどうでしょう」と提案する活動を展開しはじめた。

第三の要因は、海外進出である。

中国に進出し、現在、無錫と成都の二カ所で現地工場が稼働している。

神戸鈑金(無錫)金属有限公司は2005(平成17)年に、神戸鈑金(成都)金属有限公司は2010(平成22)年に、それぞれ操業を開始した。

無錫の現地法人は同社の100%出資、成都は得意先49%、同社51%の出資比率。いずれも経営は同社主導で行なっている。

2つの現地法人を合わせると、およそ300人の現地社員が働いている。

こうした展開を推進できた背景には、藤谷のリーダーシップと社員の成長があった。

「自分は無色透明でありたい」

藤谷は、「自分はなるべく透明になりたい」という。カリスマ性や強烈な存在感を発揮する存在でなく、無色透明な存在であって、自分がいなくても回っていくような会社になればいいという考えだ。

会社をどういう方向にもっていくか、方向性の決定こそが経営者としての自分の仕事。それに集中できる環境をつくるのを理想にしている。

「社員がわたしのことをどう見ているかといったことはわかりませんし、どう思われようとあまり気にしません。2年先、3年先に会社はどういう方向に向かうのか、方向性をつくるのがほんとうのトップだと思います。社員一人ひとりをマネジメントする立場はもう放棄しようとしています。中国の社員も含めれば400人くらいの社員がいるわけですから、一人ひとりをどうするのかとやっていたら、身がもちませんよ」

建設機械は一台が1000万円以上する。大きい機械だと5～6000万円するものもある。それでも一日稼働させて得られるおよその金額から試算すると、償却は早いようだ。ある程度稼働させた機械は東南アジアなど海外に売る。その補充をするために需要が生まれる。輸出が需要を支えている構図だ。

建設の仕事そのものは、いわば地域産業。建物は海外からもってくることができない。けれど建設機械は輸出することによって国内需要が生まれている現状からすれば、海外で現地生産されるようになれば日本国内の需要は当然に減る。

「基本的には斜陽産業になるのではないか」という認識を藤谷はもっているという。

技術力が高いことは、ナンバーワン下請の立場にあることが裏付ける。得意とする薄板を使って横に仕事を展開していく能力は十分に備えている。いまは同業4社を引き受けたことで社内に二番手も三番手もかかえているから、横展開に乗り出す必要性に迫られていない。だから横に手を広げないという状態にあるようだ。

ただし、藤谷の頭のなかでは、将来の方向性が描かれている、あるいは描かれつつあるというところか。

藤谷には、子どもが3人いる。息子2人、娘1人。息子2人には、「やりたいことがあるなら、そちらにすすんでもいいよ」といっているそうだが、2人ともいずれ父の会社に入るつもりでいるようだという。

「社長のコピーをつくるつもりはさらさらない」という藤谷は、「モノをつくる現場も含めていろんな組織がありますから、社長がすべての業務についてエキスパートになれるはずがありません。マネジメントは割り切って部下に任せます」という。

分身も片腕も求めていない。

「会社に入ったら大概は、ゆくゆくは取締役まで昇りつめたいと思うものでしょうが、でも、うちの社員はそういうことは考えていないと思います」

取締役6人のうち同族は藤谷と専務の弟との2人だけ。役員は、「いっしょにいろんなことを企画して、おもしろい会社をつくろうよという同志」だそうだ。

「わたしは父親が会社にいたころは、結構かみついていました。そういう同族間の隙をつくようなかたちで、要領よくすっと入ってくるような、いわば処世術に長けた社員はつくりたくありません。そういうことからも、わたしはできるだけ無色透明になりたいと思うのです」

社員が自主性をもって行動し、力を発揮する。そのうえでいっしょにおもしろい会社をつくっていく。

そういう同志をたくさんつくっていきたい、というのが藤谷の願いのようだ。

◎藤谷良樹（ふじたに　よしき）

1960（昭和35）年生まれ。大阪大学工学部建築工学科卒業後、6年間の他社勤務ののち1991（平成3）年神戸鈑金工業入社。2009（平成21）年社長就任。

◎神戸鈑金工業株式会社

創　業　1944（昭和19）年4月
資本金　3千万円
従業員　42名
売上高　55億8647万円（2012年3月）
業務内容　金属製品製造業
本　社　兵庫県高砂市荒井町新浜2丁目11－25
電話　079－443－8881
http://www.kopro.co.jp/

株式会社生産者直売のれん会

社員のポテンシャルを引き出す環境をつくり若い組織で急成長を果たす

黒川健太社長

全国の駅ナカや百貨店の催事会場、道の駅などに露天形式の一坪売場を展開し、急成長しているのが生産者直売のれん会だ。

売上高は、２００９(平成21)年度の7億８９００万円から、２０１２(平成24)年度は30億６０００万円と、わずか3年で4倍に拡大、その勢いは留まるところを知らない。

同社の一坪売場は、売場によって、クリームパン、マンゴープリン、ドーナツ、豆腐など、販売する商品や店舗デザインが異なっている。というのも、それぞれの売場は、社内の7つのチームによって独立採算方式で運営されているからだ。

チームの多くは、30歳前後のリーダーと20代の社員2〜3名で構成される若い組織である。若さがもつ破天荒なまでのアイデアと、怖れを知らない行動力を引き出してきたことが、同社成長の源となった。

町の商店こそ中小メーカーに最適な販路

生産者直売のれん会の沿革を簡単に紹介しておこう。

同社は2007(平成19)年5月、中小企業支援事業を行なう、東証一部上場企業の旧ベンチャーリンク(その後、倒産)の100%子会社として設立された。その3年後の2010(平成22)年7月、創業時から社長を務めていた黒川健太が、MBO(マネジメント・バイ・アウト=経営陣が自社の株式を譲り受け、独立すること。黒川が株式の51%を取得し、ほかの役員と社員持株会とが残りを買い取った)によって、再スタートを図り、現在に至っている。

ベンチャーリンクで実績を上げてきた黒川は、2004(平成16)年、28歳のときに同じく100%子会社の、あるフランチャイズ(FC)本部を任された。スーパーに客を奪われた町の酒販店を加盟店とし、店舗の一角で大手豆腐メーカーの高級豆腐を売るというFCだった。地域に根付いた酒販店が、培った対面販売の技術を活かし、スーパーにはない商品を販売して店を活性化させるという狙いだった。

全国の酒販店400店の賛同を得てスタートしたが、意に反して、なかなか軌道に乗らなかった。豆腐は日配食品だけに、予想以上に物流費がかかったからだ。

黒川は言う。

「採算的には苦しい事業でしたが、町の小売店に、スーパーでは扱っていない商品を供給するという仕組は、意義のあるものでした。このFCでは軸足を小売店支援に置いていましたが、視点を変えて、メーカー側からこの仕組を戦略として活用したらどうなるかと考えたのです」

全国に勢力を広げるスーパーには、町の小売店ばかりでなく、地方の中小メーカーも弱り果てていた。競争の激しい業界だけに、近くの店が100円ならウチは95円と、どの店も価格勝負を挑む。そのしわ寄せは納入業者に押し寄せる。中小メーカーにとって、スーパーとの取引は、耐え切れない状況になっていたのだ。

かといって、半ばシャッター街と化した商店街で、もう一度モノを売ろうとは誰も考えていなかった。黒川はここで逆転の発想を行なった。

スーパーはたしかに集客力はあるものの、大手メーカーを中心に競合商品も多く、中小メーカーの商品はそれほど多くは売れていない。一方、町の商店は来店客こそ少ないが、店主が商品に惚れこんで接客販売してくれれば、スーパーの倍の値段で10倍くらい売れることもある。町の商店は、じつは中小メーカーにとって、魅力的な販路なのではないか。よいものさえ供給すれば、きちんと報われるに違いない。

そこで、FCを続けながら研究と調査を進め、すぐれた製品をもつ全国の埋もれた中小食品メーカーに、築き上げられた町の酒販店ルートを提供する事業を社内で提案する。こうしてできたのが「生産者直売のれん会(以下、「のれん会」)」である。

まず、全国で説明会を開催して募集活動を行ない、中小メーカー100社を会員にした。酒販店ルートに合わせ、会員がそれぞれの地元で直売店をつくって販路を共有しあい、同社が商品の融通を支援するというビジネスモデルだった。

たとえば、1社が直売店を3店舗ずつもち、会員企業100社の商品を融通しあえば、品揃えが充実するとともに、全国に300店の販路がもてることになる。のれん会本部の収益は、そうしたマッチング活動の活動費としての毎月の会費と、出店支援の際の手数料である。

だが、こちらも、思惑どおりにはことが運ばなかった。長引く不況のなかでリスクを抱えての新たな出店に躊躇する企業が多かったのだ。そのうえ、設立の翌年には、あのリーマン・ショックが世界を襲った。

当時50名いた社員は、マッチングや出店支援ではなく、会員企業のつなぎ止めに奔走せざるを得なくなった。まさに迷走状態に陥ったのである。

社員の知恵と行動力に賭けて

黒川がＭＢＯを行なったのは、ちょうどそんな時期だった。

目処や勝算があったわけではない。火中に栗を拾いにいくようなＭＢＯだった。親会社の経営が日々苦しくなるなか、自分を信じて会員になってくれた企業を裏切ってはいけないとの思いにかられた。実際、資金調達に精一杯で「ほとんど何の準備もできないまま」でのスタートになったという。

独立直後の現預金は６０００万円。これだけの資金で、黒川について会社を出た約40名の社員を養わなければならない。

「とにもかくにも、食っていけるだけの売上と利益を稼ぐ必要がありました。それにはビジネスモデルを一変させなければならない。これまで3年間うまくいかなかったのに、MBOしたからといって、同じやり方で会社が維持できるはずはないからです」

では、どのようなビジネスモデルにすればよいのか。

それまでは会社の方針もあって、「同じやるなら大きく」と、最初から大規模な組織をつくることを考えていた。そのバックボーンには、上場企業の豊富な資金があった。いまは、そんなものはない。それならば、小さく産んで大きく育てるしかない。「社員の知恵と行動力に賭けてみよう」と思った。

黒川は、営業社員を3人ずつ10チームに分け、チームの資本として500万円ずつを提供することにした。これを元手に、自分で自分のメシの種を探してこいというわけだ。

資源となるのは、会員企業100社がつくる食品。それを、のれん会のコンセプトである「価格競争ではなく、価値競争を行ない、適正な利益をもらって売る」ことさえ守れば、どの商品を、どんな販路で売っても構わない。すべて自分たちで考えてほしいと告げた。同社は基本的には支援事業であり、大きな先行投資は必要ない。まさに、知恵と行動力が勝負となった。

チームに割り振った資本からは毎月、人件費や家賃、総務などの負担額を差し引く。そうしないと本部が維持できないからだ。座して待つだけではチームの資本は日々刻々と減っていく。社員はすぐさま全国に散った。

「私の給料も含め、本社経費をすべて切り分けて各チームの負担額を決めました。チームに割り振った資金が尽きれば、当社は潰れてしまう。みんな生き残ってくれよ、と祈るような気持ちでした」

10チームのうち7チームが黒字計上

その結果はどうだったか。

「驚くほどの成果でした。多彩なブランドを集めて一坪の売場パッケージをつくって駅ナカや百貨店で催事を開催したり、道の駅や農産物直売所に卸させてもらったり……。この商品はここ、あの商品はあちらと、商品と売場の最適なマッチングを求めてのパズルのような活動になりました。いまでは駅の構内でクリームパンを売っているチーム、ドーナツを売るチーム、百貨店などでの催事販売のほか、全国のお茶屋やスーパー銭湯に売場をつくったチームもある。すべて、若い社員が新規に開拓してきたものです」

黒川もそうだが、若くてベンチャー志向が強く、トップに立って組織を自分で動かしてみたいと望む社員が多くいた。チーム単位での独立採算方式によって、彼らは水を得た魚のようになった。それぞれが経営者として、責任をもって働くようになったことで、驚くくらいの成果をもたらせたのである。

同社の創業以来の売上を見てみよう（5月決算）。

・2007（平成19）年度　5億1300万円
・2008（平成20）年度　4億4800万円
・2009（平成21）年度　7億8900万円
・2010（平成22）年度　23億2000万円（7月にMBO実施）
・2011（平成23）年度　28億2000万円
・2012（平成24）年度　30億6000万円

ダメであっても会社自体は揺るがない大企業での新規事業とは違い、自チームの不成績が会社の存立維持を左右する土壇場の状況での事業開拓だった。10チームの資本は、いったんはどこもギリギリまで下がったが、7チームは持ち直し、通期で黒字を計上するようになった。

「売上規模の違いはありますが、いまは7つの事業部門それぞれが、少しずつ利益を出せる体質に変身しました。もちろん、私もここまで見通していたわけではありません。ともかく社員を信じて託したことが、最高の結果につながったのです」

現時点での同社の主な事業は、次のようなものだ。

・『八天堂』事業
広島県三原市のパン製造の老舗「八天堂」の「くりーむパン」やロールケーキを東京駅や品川駅、名古屋駅など常設5店舗のほか、駅ナカを中心とした催事店舗で販売。

・『禅ドーナツ』事業
油で揚げない和素材のヘルシー焼きドーナツを首都圏の駅ナカ・百貨店で販売。

・『ティエラリゾーツ』事業
アルフォンソマンゴー、ピンクグァバ、バナナ等々、アジアのトロピカルなフルーツプリンを首都圏の駅ナカ・百貨店の催事店舗で販売。

・『菓匠百選』事業
8～12社程度の複数生産者の商品を一か所で同時に販売する「集合催事」を展開。

単なる「集合催事」ではなく、『集合催事』ブランドを創り上げ、生産者の売上向上に資するブランディングを目指す。

・『匠本舗』事業

豆腐やゆばなど、豆腐関連商品を酒販店など全国200店舗のインショップ形式で展開。

・『おちゃとも』事業

全国のお茶屋の店頭・店内に「お茶の時間を楽しむこだわりのお茶菓子」売場を展開。

・『温浴施設向け』事業

手軽なレジャーとして全国に広がるスーパー銭湯内に、さまざまなミニ直売売場を展開。道の駅や農産物直売所に向けた店舗展開も行なっている。

成功するのは誰よりも失敗してきた人間だ

もちろんこれらの事業も、最初からすべてうまく運んだわけではない。7つの成功の過程では、いくつもの失敗を経験してきた。たとえば、現在、温浴施設に展開しているチームは、最初は米穀店に展開しようとしてうまくいかず、次に喫茶店を狙ったがそれもダメ。流れついたスーパー銭湯でようやく日の目を見ることができた。

消えていった事業もある。現に、当初10あったチームが現在は7つ。3チームは奮闘の甲斐なく事業が実らず、資金を使い果たして「倒産」に追い込まれた。

倒産したチームのメンバーは、他のチームに「末端スタッフ」として合流する。ただし、再チャレンジは可だ。

「私も前の会社でいろいろな事業や商品を手がけ、『商品を見る目』はもっていたつもりだったのですが、最近はだいたいハズれます（笑）。いまの時代、何がウケるか正直言ってわからない。それならと開き直り、とりあえず挑戦して、失敗する数が日本一多い会社になってしまおうかと考えています」

というのも、黒川は、「成功する人間は誰よりも失敗してきた人間だ」と考えるからだ。

「致命傷を負ってはいけないが、企業も人も、成長するには小さな失敗は欠かせない要素です。そう考えておかないと、未知な分野には乗り出せない。これまで誰もやってこなかった事業で成功するには、失敗経験を積むことが大切なのです」

会社に多少余裕ができたこともあり、この商品をこんな販路で挑戦したいという斬新で具体的なアイデアがあれば、いつでも手を上げた者に新しい事業を任せるつもりでいる。倒産し、いまは他のチームで手伝いをしているなかにも、虎視眈々と次のチャンスを伺っている社員がいる。

ただ、これまでの経験から行き着いた、ある法則は厳守するつもりだ。それは、一人の人間が同時に複数の事業を成功させることは極めて難しいということ。名だたる大手企業でも、第二ブランド構築は成功していない。事業の成功はそんなに甘いものではなく、一つの事業に魂を込めて取り組むことで、はじめてうまくいく。だから、どんな優秀な社員であっても、常に一つの事業に集中させたいと思っている。

技術とノウハウが詰まった手づくり店舗

「ヒトのポテンシャルは変わらない、というのがいまの実感です。私自身、前の会社で実績を上げ続けていたときは、オレは何てすごいヤツだと思っていたんですけど、その後大きな赤字を出して、何だそうでもなかったな、って（笑）。逆に〝ひよっこ〟だと思っていた社員が、いまどんどん成果を上げている。じつは私は前の会社で、13億円の赤字を出しました。それなのに、わずか500万円の資金で7チームが黒字を計上している。なんて優秀なんでしょう。リーダーのなかにはスタート時、入社2年

賑わいをみせる駅ナカ店舗

目の者もいて、1年足らずの新人2人を引き連れて、いまや年商3億円と社内3番目の売上を誇っています」

各チームは、それぞれの店舗デザインや陳列レイアウトを考え、商品・販売組織をつくり、鉄道会社や百貨店と渡り合って売場を確保する。

催事の一坪売場は、売場の魅力づくりが大きなポイントだ。お祭りの露天のように、長机に商品を並べるだけではお客を引きつけることはできない。

同社の社員は、店舗什器などのアイデアを出すだけでなく、自分たちで店舗をつくってしまう。施工業者を使えば、コストも時間もかかるからだ。当初は資金がないため、やむを得ず始めた手づくり店舗だったが、いまやそのノウハウと技術は大きな強みとなっている。

なかには、町の鉄工所に修行に行き、溶接の資格をとった者がいる。施工業者に頼み込んで弟子入りし、施工のノウハウを身につけた社員もいる。こうして培ったさまざまな技術を自分たちの血肉にしてきた。同社は２０１３(平成25)年に事務所を移転したが、その内装もかなりの部分、社員が手がけたという。

「わずか一週間の催事なのに、こんなに凝った店舗をつくるのか」とディベロッパーから驚かれることもしばしばだ。扱う商品が食品だけに、清潔感とともに、光による演出が重要なポイントとなる。同社の一坪店舗にはＬＥＤが使われているが、そのＬＥＤはコストを少しでも削減しようと、社員がわざわざ中国まで出向いて仕入れてきたものだ。

「こうしたことは私が指示したことではないし、本で学んだことでもありません。彼らの価値観が変わり、生存本能が引き出されてのものです。経験不足のため、一から指示する必要があるのかなと思っていた若い社員が、知らない間に成長してやりとげてしまう。環境が変わると、人間のパフォーマンスはこんなにも違ってくるのかと驚きます」

同社の営業部門には、定例的な会議がない。黒川に対し、報告や相談をしたいときは、そのつど社員が社長席に近づいて来る。黒川は重要な案件で社員と同行訪問することは多いが、事業が順調で特に相談の必要がない場合は、一か月くらい言葉を交わさない社員もいるという。

「人は指示してもらえると思ったら、100の力をもっていても100発揮できなくなる。だから、最初から上からの指示はないものだと思わせているくらいです」

「そもそも指示するにも、個別の案件では彼らの知識に適わない」という黒川が心がけているのは、組織風土づくりだ。挑戦を恐れず、失敗してもめげないタフな社内風土をつくりたいという。

リアルタイムでの情報共有で他社と差別化

そうした同社の組織風土の一つに、情報に対する感性の高さがある。これは同社に躍進をもたらせた、他社にはない強みでもある。同社の市場は、組織力をもつ会社が参入していない事業分野であり、しかも複数の事業を並行して行なっているため、もともと情報量は他社とはケタ違いに多い。

のれん会には、総務、経理などの事務担当者は事務所内に自席をもつが、営業はいわゆるフリーアドレスで、必要なときに空いている席に座って執務するスタイルだ。営業担当者は、昼間はほとんど担当店舗など社外に出ており、切り詰めた事務所スペースを有効に使うためである。事務所内には長机が何本か置かれ、席につくつど、隣り合う同僚が変わる。

このとき「あの駅の改札前が開放されるらしい」とか、何気ない会話で情報交換が行なわれる。他チームのメンバーと話し合いたい問題があれば、社内で見かけたときに隣の席に行ってじっくり議論することもできる。こうした自由な雰囲気で、情報の交換・共有が行なわれている。

メール文化も発達しており、社員間で交わされるメールの本数は膨大な数に及ぶ。Ｆａｃｅｂｏｏｋも活用している。店頭陳列で売上が大きく左右される業態なので、各チームは新しい店舗デザインやレイアウト等をつくったときは、Ｆａｃｅｂｏｏｋにコメントとともに写真をアップすることが通例になっている。

ただし、それは義務ではない。価値ある情報をたくさん発信する人間ほど、よい情報が集まるということが、社員の頭に染みついているからだ。よい情報を仕入れるために、自ら情報をどんどん発信することが、組織風土として浸透しているわけだ。Ｆａｃｅｂｏｏｋはいろいろなテーマごとに設けられており、リアルタイムに情報が共有されている。

定例会議をもたないのは、そもそも、その必要がないからでもある。会議で報告・連絡するシステムだと、そのときに報告すればよいと思うから、どうしても情報伝達が遅れがちになる。情報共有はリアルタイムでやるにこしたことはない。

ライバルは社内にあり

駅ナカなど、よい立地はバッティングしてチーム同士で狙い合うこともある。黒川はそれで構わないという。正しい意味での競争はあったほうがよいと思うからだ。「ライバルがいないと成長もなくなるので、せいぜいよい場所を取り合って切磋琢磨すればいい」と考えている。

食品の催事販売は少々遅れた業界で、まともな競合会社はいまもない。あるのは昔からの利権を引き継いできた一部の業者で、そうした業者から見れば、同社は組織力をもって黒船的にやってきたように感じられるだろう。訓練された若い販売員が一所懸命に笑顔を振りまいて接客し、元気な声でお客を呼び込んでいる店は他にはない。

その意味で、チームの最大の競合相手は社内にいるのである。

駅ナカは、いまどの電鉄会社も開発に力を入れている。実際ものすごく売れる好立地だが、これまでは参入障壁が高く、門がほとんど開いていなかった市場だ。ただし、いったん門をくぐると果てしなく奥行きが広がっている。

競争がなかったぶん、駅ナカ市場では切磋琢磨が行なわれず、消費者にとっては決して買いやすく楽しい売場ではなかった。そんななかで、よい商品を素晴らしい接客で売れば、伸びるのは当然かもしれない。

帰属意識の高いパート・アルバイト社員

同社は現在、販売員として150人のパート・アルバイトを使っているが、すべて自社雇用だ。ここが他の業者と大きく異なる点でもある。

多くの会社では、催事販売では、そのつどマネキン(臨時雇用の販売員)を雇う。マネキンは接客技術にこそ長けているが、企業への帰属意識や忠誠心は薄く、販売するブランドを伸ばしてやろうという気概もない。雇われたから、仕事として販売しているだけ。通常の催事売場は、こうしたマネキンがあちこちの売場を転々とし、日々違うものを売っている。

「マネキンを使わず、常勤のパート・アルバイトを固定費に近いかたちで雇用するのは、経営理論的には間違っているのかもしれません。でも、販売員のポテンシャルのすべてを引き出そうとするなら、自社雇用してそのブランドの人間になって販売させることが重要だと思っています。それだけでやる気が全然変わってくるからです」

実際、同社のパート・アルバイトは帰属意識が高い。本人のブログなどでも、勤務先を「生産者直売のれん会」と書く人が多いそうだ。他の企業のパート・アルバイトではあまり見かけない現象だ。

同社は催事を毎日20～30か所で開催しており、催事回数はおそらく日本一だろう。当然、社員だけではまかなえず、パート・アルバイトが拠点長を務めることになる。催事は全国で行なわれるため、出張や何日にもわたってのホテル暮らしもある。企業とブランドへの強い帰属意識がなければ務まらない。

最近、あるチームが、社会への適応を拒み、それまで家にひきこもっていた若者が、意外なことに、販売員として適性が高いことに気がついた。初めて人に認められた、初めて喜ばれたという感動が、彼らを動かしているようだ。そのときの頑張り度合いは半端ではない。

同社の売場には、社員一人ひとりが本来もっている力を発揮できる環境があるということだろう。その情報が共有され、最近はどのチームもそんな人をこぞって採用するようになっている。

東北復興支援を目的にした「希望の環」活動

2011（平成23）年3月の東日本大震災では、東北地方の多数の食品生産者が大きな被害を受けた。のれん会では被災した生産者の商品販売、情報提供を通じて小売店、消費者に東北復興支援の環を広げようと、石巻市を中心に、東北復興支援プロジェクト「希望の環」を立ち上げた。

黒川はその「一般社団法人希望の環」の専務理事を務めており、実際の運営はのれん会が行なっている。

「当社の会員企業が石巻に2社あって、ともに津波でやられたんです。1社は水産缶詰メーカーで、億単位の缶詰ががれきや泥の下に埋もれてしまった。私は震災の翌月に石巻に行ったのですが、この缶詰を何とかお金に変えることで、会員さんの復興を助けたいと思いました」

この会社は、冷凍ではなく水揚げされたばかりの生魚を仕入れ、すぐに缶詰にするフレッシュ製法を行なっていた。水揚げのある季節に大きな投資をして原料を仕入れ、一年分の商品をつくっていた。その缶詰がすべて廃棄処分となれば、たちまち経営に行き詰まってしまう。

水産会社の社員とともに、黒川は缶詰の発掘を始めた。掘り出した缶詰は、津波の影響で包装がはがれ、通常であればとても商品にはならないものだったが、中の食品自体は味も品質も、まったく支障はなかった。

黒川はこの缶詰を「希望の缶詰」と名づけ、まず「この会員さんを応援するぞ」と社内に呼び掛けた。その頃、すでに各チームはさまざまな販路を確保しており、黒川の声にいっせいに呼応して、自ら開拓した販路で販売を始めた。

テレビ局にも応援を依頼したところ、「希望の缶詰」はテレビで紹介され、たちまち話題になって、支援の環が全国に広がった。

もちろん、現地で被害を受けた食品生産者は会員企業だけではない。会員企業からは、自社ばかりではなく同じように苦しんでいる仲間たちにも応援の手を差し伸べてほしいと頼まれた。

そこで、現地の被災企業十数社を集め、「一般社団法人希望の環」を設立して活動することにした。地元新聞社の共催や石巻市の後援も得て、ＪＲの駅ナカや全国の自治体・商店街のイベント、高校・大学の学園祭で、「希望の環」催事を開催し、加盟生産者がつくった味噌・醤油、かつおぶし、海苔などを販売してきた。この取組によって、現地生産者に勇気と希望を与え、復興への道を切り開いてきた。

2012(平成24)年は137か所、延べ285日開催し、4800万円の売上を上げている。

「会社がある程度軌道に乗り、販路が確保できていたから可能になった支援で、震災が一年早かったらここまで広げることはできなかったでしょう。私が声をかけた途端、社員が自分たちの販路ならこんなことができるといっせいに動いてくれた。もともと当社の社員は頼もしい存在ですが、このときはいっそう頼もしく感じましたね」

学生に企業経営を実践させるインターンシップ

黒川は、これから社会を担う学生の教育にも取り組む。昨年から嘉悦大学のインターンシップ制度に協力しているのだ。

前の会社にいた最後の年、新入社員が16名入社し、その教育係を務めた。新人には机上で仮想のタスクに取り組ませるより、思い切って実際の店舗経営をさせたほうが早いと考えた。商店街で休業している店を借り、手持ちの商品を彼らのアイデアで売らせてみたら、驚くほどの成果が上がった。

「社会人10年選手だと、逆に到底思い付かないような売り方をしていました。同じことを大学生にやらせたら面白い教育ができるのではと思っていたところ、嘉悦大学の先生と知り合い、ゼミの学生たちを送り込んでもらえるようになったんです」

嘉悦大学は2012(平成24)年にビジネス創造学部を設立した。実際のビジネスの現場を体験させることで経営に関する知識・スキルを深め、社会で即戦力となる人材を輩出することを目的とした学部である。

学生はさまざまな企業に行ってインターンシップとして実際の事業に触れる。その実践教育の場の一つに同社が選ばれたわけだ。2年間のカリキュラムをこなせば、単位も与えられる。同社は学生たちに実地の「企業経営」をさせ、損益計算書づくりや日次決算までやらせる。さらに新たなブランド事業を立ち上げる体験ももたせる。

のれん会の仕事に興味を惹かれ、そのまま就職を希望する学生まで登場しているそうだ。

中小企業にも人材は目の前にいる

黒川は中小企業の人材について、こう語る。

「当社もお客様も、同じ中小企業。よく中小企業にはよい人材がいないといわれますが、それは間違いです。人材はちゃんと目の前にいる。このことは声を大にして言いたいことです。人間のポテンシャルは本質的に大きな違いはないのです。私も当社の社員がここまで能力があるとは思っていなかった。実際、ＭＢＯをする前は、頼りない存在に見えました。それが与えられた環境によって一変した」

ポイントは環境。言い換えれば、人材育成はやり方次第ということだ。教えてやる、与えてやるというような上からの押し付けではなく、彼らの能力を〝引き出す〟ことを考えることが大事。「君にはここまでやってもらわなければ困る」と一人一人に目標と責任を自覚させると、人は勝手にその間のギャップを埋めて成長する、と黒川は言う。

「トップに立つ者が、この人間を鍛えてやろうという強い意思をもつことです。力があるから任せるのではなくて、力をつけさせるために仕事を任せるという考え方が重要だと思います。私はそのことも、社員から学ばせてもらいました」

◎黒川健太（くろかわ　けんた）

1975（昭和50）年、東京都生まれ。慶応義塾大学経済学部卒業。1999（平成11）年、株式会社ベンチャーリンク入社。同社で数々の実績を残し、2004（平成16）年、同社100％出資の子会社の社長に就任。2007（平成19）年、株式会社生産者直売のれん会を設立し、社長就任。2010（平成22）年7月、社員約40名を引き連れ、MBOによって独立を果たす。東北復興を支援する一般社団法人希望の環の専務理事、鹿児島県指宿市のマンゴー製品の販売を支援する一般社団法人指宿マンゴーブランド協会の理事も務める。

◎株式会社生産者直売のれん会

設　立　2007（平成19）年5月
資本金　1億円
従業員　社員42名、パート・アルバイト150名（2012年10月現在）
売上高　30億6000万円（2012年度）
業務内容　食品製造業支援業
本　社　東京都台東区雷門1・2・5
　　　　電話　03・5827・7530
　　　　http://www.noren-kai.com

和田金型工業株式会社

モノづくりの原点はヒトづくりにある「共育」で顧客満足を実現する技術者集団をめざす

平瀬　清　社長

和田金型工業は、金型メーカーである。

金型メーカーは、日本のモノづくりを支えてきた代表的な存在である。得意先のさまざまな注文に応える職人の技は、まさに日本のお家芸といえる。

ところが近年は製造業の海外進出にともなって仕事が減り、苦境をかこつ金型メーカーが少なくない。韓国や中国企業の追上げも著しい。日本の金型メーカーは、最盛期に比べておよそ4割減ったといわれる。

こうしたなかで生き残っていくためには、最新技術の動向に目を光らせ、新しい需要を掘り起こしていかなければならない。そして、その要になるのは技術をもつ「ヒト」である。それを裏付ける取組みを、和田金型工業は実践している。

世界記録をサポートする靴の金型を手がける

和田金型工業が誕生したのは、1922(大正11)年である。和田半次郎が神戸市林田区(現長田区)で和田彫刻所として創業した。1962(昭和37)年、和田金型工業株式会社に改組し、2012(平成24)年に設立50周年を迎えた。

神戸の長田地区は、中小の靴の生産業者が集まる「ゴムの町」「靴の町」として知られる。和田金型工業も、靴底などゴム製品の金型製作を手がけていた。タイヤの金型、あるいは戦時中は、ガスマスクの金型も手がけていたという。

戦後も靴の金型を主に手がけ、1970年代にはプラスチックを成型したスキー靴を誕生させている。金型でつくった空間にゴムやプラスチックを流し込んで固めるモールディングといわれる金型技術を生かしたものだ。和田金型工業は、かつては革製の登山靴のようだったスキー靴を、いまでは当たり前になっているプラスチック成型のスキーブーツに切り替えた隠れた立役者でもある。スキーブーツの金型を手がけているのは、いまでも日本では唯一の存在であり、世界でも数少ないなかの一社になる。

１９８０年代にはスポーツシューズの金型も幅広く手がけ、スポーツ用品メーカーを影で支えてきた。陸上の短距離走や走り幅跳びで活躍した米国のカール・ルイスが使ったシューズの金型も、ミズノの依頼を受けて和田金型工業が一貫して手がけたものだ。

カール・ルイスは、１９８０年代から９０年代前半にかけてオリンピックと世界陸上選手権大会で合計20個のメダル（うち17個が金メダル）を獲得した伝説のアスリートだ。１９９１（平成３）年の世界陸上東京大会では、男子１００メートルで当時の世界記録となる９秒８６をマークした。

超一流アスリートは道具への要求も厳しく、カール・ルイスも究極のパフォーマンスを発揮できる機能をシューズに求めた。その要求に適うように、大会ごとに形状、バランス、傾きなどを調整し、一から金型をつくった。ルイスの求める精度は、たとえばスパイクを「１００分の何ミリ」動かすといった細かいもので、そうすることで蹴る力や着地のときのブレーキに相当する力を高め、推進力を向上させようというのだ。それに対応できたのは、ベテランの金型職人の技と感覚だったという。

「100メートル走は、100分の1秒単位でタイムを計測します。ルイスは、100分の5秒は自分のトレーニングや走法改良で何とかするから、あとの1000分の5秒はシューズの改良で何とかしてくれ、といいたかったのかもしれません。彼の世界記録を出させたのは私たちであり、メダルを取らせたのも私たちだとひそかに自負しています」

社長の平瀬清は、さらにこう語る。

「カール・ルイスのシューズをつくるのに、1足1000万円以上はかかっているでしょう。当時は会社が儲かっていたこともあって、お金のことはあまり考えませんでした。楽しい時代でした」

「汗水たらして働け」と戒められる

平瀬は和田金型工業の三代目社長である。1952(昭和27)年生まれ。創業者・和田半次郎の後を息子である和田一郎が継ぎ、その後を任されたのが平瀬である。

平瀬は、創業者一族ではない。二代目社長・和田一郎の次女の婿だ。

平瀬が和田金型に入社したのは1976(昭和51)年、24歳のときだった。和田一郎に引っ張られての入社だった。

平瀬は、実父が土地を造成して宅地として売り出すという、不動産の開発事業を営んでいたため、その後を継ぐのが既定の路線になっていた。大学四年のときには、「いまのうちから20年後に生きる人脈をつくっておけ。日本ではだめだ」と、海外遊学にも行かされた。

ところが平瀬が日本を離れているあいだに父親は病気で倒れ、その後、亡くなった。その機に乗じて役員が謀反を起こし、会社は乗っ取られた。

行く当てのなくなった平瀬は、いろいろなことに手を染めた。

大学時代からサイドビジネスとして学習塾を手がけ、結構な収入を得ていた。まだ学習塾がいまのように普及していなかったころだ。塾に通うのは学業成績が優秀な生徒だけで、広く生徒を受け入れる塾は少なかった。「少し勉強させれば、すぐに成績が上がった」ものだから、塾生の募集には困らなかった。

実際に勉強を教えるのは友人に任せ、平瀬は4か所にまで広げた塾の管理をもっぱら担当していた。

「小遣い稼ぎのつもりだったのですが、就職活動をしてみて驚きました。初任給ってこんなに安いの？ と。当時、大卒の初任給はたしか8万円くらいでした。学習塾では15万から20万円くらい稼いでいましたから」

塾が終わると、平瀬は毎晩、飲み歩く。塾は夜だけなので、昼まで寝る。午後はこれといってすることもないので、打ちっ放しのゴルフ練習場に行く。そんな生活ぶりだった。

そのゴルフ練習場で、先代社長の和田一郎と出会ったのだった。

「キミ、大変らしいな。これからどうするつもりだ？」

和田は平瀬の後輩から、「親の会社で働くはずだったのが、親が死んで会社もなくなり、いまはブラブラしているかわいそうな先輩がいる」と聞いていたらしく、こう声をかけてきた。

平瀬は和田のことを、「最初は恐いオッさんとしか思えなかった」という。

平瀬は、高校時代の友人と新しい事業をはじめるつもりだった。友人がちょうど、いまでいう人材紹介・派遣ビジネスの立ち上げを考えており、それに参画するよう誘われていたのだ。

しかし当時の職業安定法では、民間企業が人材紹介を行なうことは違法だった。

「なにをいっている、そういうのは『口入れ稼業』といって、まともな仕事ではないぞ」

和田に叱られた。

職人は、鉄に機械でざっくりと彫った部分を手仕事で精密に仕上げる。先代社長の和田にはじめて現場を見せられた平瀬は、和田にこういわれたという。

「これが職人の仕事や。人間は、一日中汗水たらして働いて、それで稼いだ金で飯を食う。それ以上稼ぐ必要はない。生活は慎まなければいかん。それが人としての正しい生き方や」

濡れ手に粟のような金儲けや、人を利用するようなことを考えるべきではないと、戒められたのだった。

結局、その友人は一人でビジネスをはじめることになったのだが、それがのちにテンポラリーセンターを設立し、現在のパソナを築いた南部靖之氏（現株式会社パソナ代表取締役グループ代表兼社長）である。

「社長」と社員に呼んでもらえない社長

和田は、平瀬のことを、見所があるやつ、と感じていたのだろう。

平瀬は和田に誘われて和田金型工業に出入りするようになり、やがて入社する。ある日、いきなり健康保険証を渡され、「これでキミは一割負担ですむし、お母さんも入れるよ」といわれたという。それが、あとから思えば「社員にしたからな」ということだったのだという。

「運転してくれ」「これを運んでくれ」とあれこれと雑用を頼まれ、自宅にも出入りするようになって和田の娘と知り合い、結婚することになった。入社２年後の１９７８（昭和53）年のことだった。和田が口にすることはなかったが、和田には男の子がおらず、平瀬に後継者になってほしかったのだろう。

入社して９年後の１９８５（昭和60）年、平瀬は33歳にして和田金型工業の社長に就任した。このときも和田から突然に、「来月から社長をやってくれ」といわれたのだそうだ。取締役でもなく管理職でもない平瀬が、平社員から一気に社長になったのである。

一筋縄ではいかない職人の世界である。現場の職人たちが、平瀬を社長としてすんなりと受け入れるはずはなかった。

「まるっきり、よそ者扱いですよ。うちでモノをいうのは、まず飯の数。要するに、うちに何年勤めているかです。古い人間ほど偉い。それともうひとつは、職人としての腕です。社歴と腕前、この二つで序列が決まるんです。そんな世界ですから、新しく入ってきた、職人としての腕もまったくゼロの、いわば小僧でしかない人間がいきなりトップになっても、誰もいうことなんか聞きません」

　そこで平瀬は、掃除や後片づけなどの下働きをすることにした。人が嫌がることをすすんで行なった。ほかの人の倍以上、そういう仕事をしたという。

　和田も、職人が敬遠するような仕事を平瀬にさせた。債権債務の整理にまつわる仕事である。自分の腕だけを誇りにする職人は、経営にはさして関心がないし、交渉事は苦手とする。債権処理の案件があれば、和田は債権者集会に平瀬を連れて行き、債権者委員に就けた。

「これがうちの娘婿です。鍛えると思って、好きに使ってやってください」

　債権者委員長に頭を下げ、金融機関や〝筋のよろしくない連中〟とのシビアな交渉や調整の場で、経験を積ませた。和田なりの親心から出た帝王学だったのだろう。

「汚れ役をやれ、といわれました。職人にはなれないのですから、当然といえば当然の役割です」

　こうした仕事を重ねるうちに、「なんとか周りから信頼できる奴だと思われるようになっていきました」という。

　といっても、「社長」と呼ばれるようになったのは、和田が亡くなってからだった。それまでは、客がいる前でも、「おい、平瀬！」「お前、あれ取ってこい！」だったという。

「職人さんは会社の命です」

日本の製造業、とくに中小企業には、職人気質がいまでも少なからず残っている。平瀬は、それを時代遅れだとか、疎ましいと思わなかったのだろうか。会社を継いだ若手社長が、「これからはもう職人技の時代ではない。最新技術が取って代わる」と、職人気質を軽んじるようになるのはよく聞く話だ。

平瀬は、「職人さんは会社の命です」ときっぱりと言う。

「わたし24歳までフラフラしていて、毎晩酒を飲み、時間があったらゴルフ練習場に行く……。それに比べて、うちの職人さんたちは15~16歳のころからこの世界に飛びこんで、大変な修行をしているわけです。税金もずっと払っている。家が貧しくて満足に白いご飯を食べられなかったというような人もいるのです。たとえ歳は同じでも経験が違います。頭が上がらないというか、この人たちには一生勝てないなと思います」

平瀬も入社後、現場での修行を経験した。修行といっても下働き程度のもので、自分で製品を仕上げる技術を磨くようなものではなかったが、それだけになおさら職人

モノづくりの原点を担う職人の技術

の熟達の技、経験のすごさを理解したという。

金型は、温度が1℃上がると1ミクロンの狂いが生じる。機械の振動によってもわずかながら誤差が生まれる。そういう微妙な誤差を感知し対応できる技術を、職人はもっているのだという。

「うちの職人さんは、1000分の5ミリの誤差を手触りで感じ取ります。その技術をもって仕上げるのですから、わたしはもう、職人さんのいうことはすべて正しいとさえ思っています。ですから職人さんがいちばんいい環境で仕事ができるようにするにはどうすればいいのか、いつもそれを考えています。もっとも会社ですから、経営の数字や仕事のルールなどについては、職人さんにも一応のことは理解してもらうようにしていますが」

金型製造は、「小鳥の商売」と称される。ひとつ受注して納品すれば、その金型を使って何万何十万という部品や製品がつくられる。一回きりの仕事で、つぎの注文がなければ息絶えてしまう。

それだけに景気が下降すれば経営は苦しくなる。リーマンショック前にすでに1万社を切っていた日本の金型メーカーは、いまはさらに減って6000社を切っている。

靴から自動車部品の金型にシフト

和田金型工業では現在、自動車部品の金型製造が主力になっている。とくにエンジン回りの吸気系部品の金型が多い。

自動車部品の金型を手がけるきっかけとなったのは、1995（平成7）年に起きた阪神・淡路大震災だった。

震災で神戸の長田地区は壊滅的な被害を受けた。火災で多くの靴業者が焼き出され、行き場をなくした。

幸いなことに和田金型工業の工場は火災の被害を免れた。被災した靴業者に頼まれてその工場を提供し、現在、本社工場となっている神戸市西区に事業を集約した。本社をつくる間の仮設つもりで土地を取得し、工場を稼働させていた場所だった。

震災の被害で、メインにしていた靴関連の仕事は「まったく間になくなった」という。「神戸の靴産業はおろか、日本の靴産業がなくなった、とまでいわれました。お客さんが消えてしまい、仕事の7割くらいがなくなったのです」

その前から平瀬は新しい分野に乗り出す必要性を痛感し、靴の代わりになるものがないか探していた。震災の3年前に先代の和田一郎はガンを患い、医者からもうあまり長くないと宣告されていたこともあって、会社の将来のためには自分が走り回らなければならないと思っていたのだった。

まず考えたのが、家電分野への進出だった。当時の関西は「家電王国」といわれ、松下電器（現パナソニック）、三洋電機（現パナソニック）、シャープの御三家が健在だった。しかし1985（昭和60）年のプラザ合意を機に円高が進み、生産の海外シフトが本格化、金型の製造も徐々に海外に流れはじめていた。

そんなときに出会ったのが、自動車の部品である。

「同業者を回っていろいろ話を聞いたのですが、家電ももうダメだと思いました。それで別のものを探し回っていたところ、それまで見たことのない木型を目にして、これ何？　と聞いたら、自動車の部品だと」

自動車部品の金型は二次元から三次元に変わりつつあるころだった。三次元設計ができる三次元ＣＡＤ（computer aided design「コンピュータ支援設計」、ヒトの手によって行なわれていた設計作業をコンピュータによって支援し、効率を高めるシステム）が世の中に出回りはじめ、金型の設計が大きく変わっていく時代だった。そこに活路が見出せると思った。

すべてが手探りのスタートだった。自動車部品に関する用語がわからず、といって「わかりません」とはいえないので、「知っています」と答えて、あとで必死に調べた。

その部品がどういう形状をしていて、どこで、どういうふうに使われるのか、イメージも湧かなかった。職人も同様で、わからないものは手がけてもらえなかったので、平瀬自身が型をつくって、なんとか納品した。

「勢いで納品したようなものです。問題は山ほどあったはずです。相手のほうでも手直ししたと思います」

「次代は三次元になる」と見て対応をすすめる

自動車部品の金型を手がけはじめた平瀬は、三次元CADの導入を決める。これからは三次元しかないと思ったのだった。

購入にあたって、平瀬はコンピューター・インストラクターにソフトの操作の仕方を休日に教えてくれるよう、個人的に頼み込んだ。

「いまから考えたら、厚かましい話です。自分で使ってみて、使えるようなら絶対にあなたから買うからと頼んで、お礼は食事だけ。よく応えてもらえたものです」

部品の受注に走り回りながら、一方で三次元CADの操作を勉強する日々を一年くらい続けた。

先代社長は、「うちには職人しかいない、できるわけがない」と導入に反対だったという。三次元CADを納品してもらう日、平瀬は業者に「始業前の朝7時ごろにもってきて、食堂のいちばん奥のところにセッティングしてほしい」と頼んだ。先代に見つかると、なにをいわれるかわからなかったからだ。

しかし先代はその話を事前に知っており、あえて見て見ぬ振りをしてくれた。

靴の金型から自動車部品の金型へとシフトして危機を乗り越えたのだが、平瀬はこのままでいいとは思っていない。

単純な金型の製造では、中国や韓国の企業にコスト面で太刀打ちできなくなっている。アメリカが先行する3Dプリンターの技術も、金型メーカーには脅威だ。量産品には使えなくとも、試作品なら金型にとって代わる可能性を秘めている。

平瀬は、将来はF1エンジンの金型を扱えるようにするのを目標としている。さらに加工技術を高め、航空宇宙関連の部品を手がけるのが夢だ。航空部品を取り扱うためのJIS規格も取得している。

新しい技術の習得に積極的に取り組もうとする社員には、会社としてできるだけ支援する。東京の見本市に行きたいという社員には費用を負担する。ドイツの産業見本市に行かせてほしいという社員には休暇を与え、旅費の一部を出す。そういった実績がある。自ら情報を見つけて、自ら実際に見に行きたいと思うことが大切だとして、そういう社員の向上心を育てる狙いだ。

イノベーション会議で会社の未来を描く

会社の将来を担うのは若手の社員たちだ。若い人たちにこれからの会社をつくっていってほしい。その思いから平瀬は、「イノベーション会議」という社内会議を主催している。

メンバーは平瀬のほか、20代、30代前半を中心とする7名。月に1回、2時間から3時間、会社の未来をどうつくるか、現状の問題点はなにか、といったことを話し合う。

経営計画（経営指針書）も、この会議で討議して策定する。次年度の計画はもちろん、将来のビジョンに基づいた5年先、10年先の中長期的な計画づくりにも取り組んでいる。5年計画には、節目ごとの目標数字と実現期日を具体的に数字で入れさせ、ほんとうに実現可能かどうかを検討し、何度も修正させる。単なる夢物語で終わらせないためだ。

社員に、「会社の指示したことをやらされる」という意識ではなく、「自分たちが主体的に取り組んで実現していかなければならない」という意識をもってもらうのが目的である。

中長期計画のポイントとして、平瀬はつぎの3つを挙げる。

①新技術の動向把握と開発、②新市場の開拓、③それらが可能な新工場の建設、である。

それぞれ担当者を決め、すでに動いている。

「イノベーション会議は、メンバーが自分たちで会社をつくっていくための活動です。ですからわたしは、アドバイスはしますが、基本的には自分たちで考え、解決させるようにしています。自分たちがよいと思うことはすべて、やってもらってかまわない。それで上手くいかなくても、潰れない会社をつくるのがわたしの使命です」

こうして社員は、和田金型を自分の企業として自覚することになる。すなわちオーナーシップをもつことになるのである。「会社のために行なうことは自分のため。自分のために行なうことは会社のため」ということで、「会社」ではなく「家」としての組織への帰属意識が芽生え、会社の成長を支えていくのである。

たとえば台頭著しい韓国の半導体や家電などの大手メーカーは、金型メーカーに巨額の資金を投入して設備を拡充させる。そして傘下におさめる。大事な金型技術は、その傘下のメーカーにノウハウを蓄積させる。海外の金型メーカーに発注するのは、中核技術ではないものだけにする。

「設備はお金を出して買えばすみます。けれど、人は育てなければなりません。時間がかかります」

肝心の技術ノウハウを自社内に蓄積し、育て、継承していく会社が強い会社になると、業界内外の動向を肌身で痛感している平瀬は、技術ノウハウの要となる社員を育てることに注力している。

「会社」ではなく「家」だから社員は家族として扱う

和田金型工業の現在の社員数はおよそ40名。新卒者の定期採用は先代社長時代の1958(昭和33)年からはじめ、新入社員は全員、先代社長の自宅近くの寮に入れていた。新卒採用は一時期やめていたが、平瀬が社長になって1998(平成10)年から再びはじめた。その社員がちょうどいま、幹部になりはじめている。

平瀬によると、和田金型工業は「大家族主義」の会社なのだという。

「うちは創業以来ずっと、大家族主義です。株式会社だけれど、職場は『会社』ではなくて『家』だととらえています。みんな家族です。だから、みんなで支え合っていこうと思っています」

和田金型工業には定年がない。会社には定年があるが家族に定年はない、という理由による。本人に働く意欲があって健康でさえあれば、いくつになっても会社にきてもらってかまわない、としている。

「女性なので正確な年齢は聞いていませんが、およそ90歳の人がきていました。以前、息子さん夫婦がこられて、自分は定年退職して家にいるのに、母は毎日出勤しているようですが、なにをしているのでしょう？　と聞かれたことがあります」

震災後の混乱期には、仕事が激減し、先代社長も亡くなって、この先どうしようかと思案していたとき、銀行から強く廃業を勧められたことがあったという。

社員をリストラしたうえで、もう事業活動はなにもしない。そして保有している社員寮や社宅を有効活用して不動産ビジネスをやればいいというのだった。

「会社と心中することになる」とまでいわれ、平瀬は悩んだが、銀行の提案は断った。田舎の中学校を出るや厳しい修行を経て技術を習得し、会社を支えてきてくれた人たちを簡単に切るわけにはいかなかった。創業者の時代からいるベテランの職人もいる。

「社員のほとんどが近所に住んでいて、家族ともつき合いのある仲間ばかりです。若い社員とはいっしょにわいわいやってきましたし、60代の社員については子どもや孫まで知っています。なかには、震災で孫を亡くしたのに休むことなく会社にきて、仕事をしてくれた人もいます。そういう人たちを切って自分だけがいい目を見るなど、人間として絶対にしてはいけないことだと思いました」

不動産ビジネスを営んでいた平瀬の実家では、父親の死後、会社は役員の一部に乗っ取られるかたちでなくなってしまった。その過程で大金を手にした者もいたそうだが、その後はあまりいい人生を送れなかったという。

「そういうことを目の当たりにしましたから、お金を追いかけた者は、最後はお金で死ぬ、と知りました。自分だけいい生活をしても、ろくな死に方はしない。そう考えています」

「教える」のではなく「共に育み合う」

どんな最新機器、設備を導入しても、それを動かすのは人間である。技術を習得するのも人間であり、技術の向上は人間の成長がなければ果たせない。「社員が成長すると、技術のレベルも押し上げられる」と平瀬はいう。

「パソコンにいろいろなソフトを入れる、機械を買い替えるといったことをしていますが、動かすのはソフトではなく、人間です。機械は機能ですし、お金もある意味では機能です。でも人間は機能ではないし理屈でも動きません。人間が動くのは感情によってです。いくら正しい理屈を説かれても、説く人間のことを、こいつ嫌いだと思えば動かない。もっと単純にいえば、嬉しいか嬉しくないか、楽しいか楽しくないかです」

仕事もそうだと平瀬はいう。

「経済性や時間当たりの付加価値からすれば、こっちの仕事をすればいいとわかっても、やるかやらないかの判断基準はそういう理屈ではないでしょう。それに、感情が入っていなければ、効率は上がらない。感情こそが仕事です。感情は入っていないけど、しかたないからやるというのは作業。単なる作業です。仕事は作業ではありません」

モノづくりはヒトづくり——。和田金型工業が創業以来、こだわっていることである。技術より、人間をどうつくっていくかということである。

「社内教育というより、私たちは『人財育成』だと思っています」

「教育」というのは、鞭をもって人を教えるという意味。一方的、強制的に相手に教えることだと平瀬は考えている。

「日本では『社員教育』といいますが、それは違います。教育ではなく育成です。そして『人材育成』ではなく、『人財育成』。人は会社の『財《たから》』であり、それを育成しようというのが、我が社の一貫した考えです」

その人のもつ本来の力、伸びる力を、周りがいっしょになって引き出していく。会社というのは、それをするところだというのが平瀬の考え方だ。

「会社には人が集まっています。それが会社のいいところです。『適材適所』という言葉がありますが、人にはそれぞれ長所、短所があります。長所、得意なところは、みんな頑張ってやります。短所、苦手なところは、誰かほかの人がやってくれればいい。そういう人は、会社に必ずいます」

だから会社というのは、人の長所を伸ばしていけば、自然と短所が消えていくものだという。

「短所を直そうと思ったら、鞭をふるわなければならなくなります。それでは『育成』ではなくなります」

最近、平瀬はよく「ア・イ・タ」から「3J」へ、を口にする。「ア（甘え）・イ（依存）・タ（他責）」ではだめだと考えている。一生懸命やれば結果がどうであれ許してもらえるという「甘え」、少々のことが起こっても会社はつぶれないという「依存」、失敗した際に心のどこかで言い訳する「他責」では、社員も会社も成長できないとし、「3J（自立・自律・自責)」の意識を社員一人ひとりがもつことが必要であるという。

和田金型工業の経営理念に「共創・共育を実践」という一節がある。

「『共創』とは、社長も社員もみんなでお客様や環境の変化に対応して、会社を一からつくりかえること。共同創業することです。『共育』とは、親が子どもを育てることを通じて自らも教えられるように、ベテランも新人も共に教え育み合うこと」と謳っている。

教育ではなく、育成であり、共育……。

「共に教え育み合う」のは、一方的に教えたり、教えられたりする関係ではない。自立した社員が集まり、お互いを高め合う関係である。そのなかには、社長である平瀬も含まれる。

平瀬は自分の思いや読んだもので目にとまった言葉も、社員と共有する。

たとえば心理学者のダニエル・ギルバートの論文にある、「人間がいちばん幸せを感じるのは、日常のなかでしかない。……適度に挑戦のし甲斐のあるとき、すなわち困難ではあるが手が届かなくもない目標を達成しようとするときに、人は最も幸福である」といった一節をプリントして社員全員に配り、朝礼で意見を交わし合う。年中そうしているという。

みなが支え合うなかで、社員一人ひとりが成長し、会社が発展する。社員一人ひとりが力を発揮することで、やりがいや誇り、喜びを感じる。

社員を幸せにする、強い会社――そんな会社をつくりたいという平瀬は、「社員が成長したら、社長はもっと成長しなければなりません」と笑う。

◎平瀬　清（ひらせ　きよし）

1952（昭和27）年神戸市生まれ。神戸商科大学（現兵庫県立大学）卒業。1977（昭和52）年和田金型工業入社。1985（昭和60）年社長就任。

◎和田金型工業株式会社

創　　業　1962（昭和37）年10月
資 本 金　1000万円
従 業 員　38名
売 上 高　6億円
業務内容　自動車吸気系部品および靴関連のプラスチック用金型（インジェクション、ブロー）、ゴム用金型の設計製作など
本　　社　兵庫県神戸市西区伊川谷町潤和大狂言1452－1
　　　　　電話　078－974－3521
　　　　　http://www.wadakk.co.jp

株式会社六甲歯研

足立　勝会長

不協和音のない
オーケストラ型経営を追究し
歯科技工界で追随を許さない存在に

2013（平成25）年6月8日、神戸市北区にある神戸市立フルーツフラワーパークで、六甲歯研の恒例イベントが開催された。

「第23回　社員総会」……。

参加者は71名。参加者の前には、これからの一年の目標・計画などが書かれた「経営計画書」が置かれている。一泊二日の合宿形式で、ここに書かれた内容を参加者全員で議論し、各人の行動計画にまで落とし込んでいくのだ。

「ことしのテーマは『知・好・楽―虫の目、鳥の目、魚《さかな》の目』です」

進行役がこう口火を切った。「知・好・楽」は、知識を得てものを好きになると、何ごとも楽しくなるという意味だ。また、「虫の目」は現場の目、「鳥の目」は俯瞰して見るということ、「魚の目」は社会の流れを読むことを指している。

テーマに続いて、具体的な計画の内容に移っていった。参加者は誰も真剣な面持ち。活発な議論が、2日にわたって続けられた。ただし、レジャー施設で行なわれたオフサイト・ミーティングなので、和気藹々とした雰囲気も漂う。時折、笑い声も聞こえる。

「23年前、初めて社員総会を実施したときは、本当に効果が出るのか半信半疑でした。でも、少しずつ雰囲気が変わっていった。それまで経営陣任せだった社員が、徐々に会社を変えるのは自分たちだ！　と思うようにもなってくれました。いまでは、この社員総会＝経営計画書という〝縦糸〟だけでなく、能力開発マニュアルという〝横糸〟も通すようにしています。ここ十数年で会社は見違えるようになりました」

六甲歯研の創業者である足立勝会長（1944（昭和19）年生まれ）は、誇らしげに語る。

桃太郎型経営で順調に推移したが…

構造不況ともいえる歯科技工の世界――そのなかにあって、足立が率いる六甲歯研は独自の発展を遂げている。営業力の強化、ＩＴ化の推進など、同業他社の追随を許さず、業績は堅調に推移している。それを生み出した大きな要因、それは人材の育成、ヒトの成長だ。

具体的にどのようにして六甲歯研の社員たちは「強力な人財」へと変わっていったのだろう。足立はどんな施策を行なってきたのか。「ごくごく普通の会社だった」という同社が変わるきっかけは、１９８７（昭和62）年の出来事にあった、という。

その出来事に触れる前に、まずは足立と六甲歯研の歩みを見ておこう。

兵庫県の山間部の農家に生まれた足立が歯科技工士の世界に飛び込んだのは、「これからの有望業種」という文字を受験雑誌で見かけたからだった。「やんちゃ坊主で、悪さばかり。勉強も嫌いだった」だけに、〝手に職をつける〟という仕事のほうが自分には合っていると考えた。そして、高校を卒業後、知り合いの紹介で西宮の甲子園球場の側にあった歯科医院に見習いとして働くようになる。その一年後、大阪歯科大学に歯科技工士の専門学校が開設されると、第一期生として入学。1964(昭和39)年のことである。

3年で卒業し国家資格を取得した足立は、今度は神戸の歯科医院で働くことになった。もっとも、資格を持っているとはいえまだまだ半人前、見習いに毛が生えた程度だ。さらに技術を磨かなくてはいけない。人一倍、足立は熱心に仕事に取り組んだ。と同時に、将来、独立するときに備えて経営の勉強も始めたという。

歯科技工士が経営の勉強？

技工士の世界は、いまも当時(1960年代)と大きく変わっていない。多くは腕一本で生きているような人ばかりで、歯科医院から入れ歯や差し歯、クラウン(歯のかぶせ物＝冠)などの注文をもらい、それを納めることで経営を成り立たせている。資格を取得した若者は親方といわれる人に雇われ、時期が来たら独立。今度は自分が親方になる――。そんな状態だから、社員が3人までの事業所がいまも全体の9割を占めている。

「徒弟制で、技術さえ磨けばいいという世界ですからね。経営なんて感覚は、多くの技工士は持ち合わせていませんでした」

そうした状況に足立は疑問を感じた。頭をよぎったのは故郷の惨状だ。1960年代に進められた農業政策で農家の多くが機械化に乗り出し、牛が耕運機に代わり、田植えも機械で行なうようになった。しかし、待っていたのは機械化貧乏である。ローンの支払いに苦しめられるようになったのだった。同じように技工士の世界でも、審美歯科など新しい技術がどんどん取り入れられ、以前にも増して機械化が進められようとしていた。一人親方、一匹狼のままだと、農家の二の舞になるのではないか……。

「独立すなわち歯科技工士の組織化」

「共同購入、共同利用、そして共同営業による生活の向上」

それを目指して、足立は経営の勉強を始めたのだ。

1974(昭和49)年、技工士仲間の4人と六甲歯研を創業。腕の立つ人間のグループに注文は集まり、経営は順調に推移したという。

そのころを振り返って足立は「当時は、桃太郎型経営だった」と語る。桃太郎、サル、イヌ、キジがそれぞれ得意技を発揮して、鬼退治を果たす。仲間はそれぞれ力をもっており、営業が得意な人、クラウンの技術に長けた人、入れ歯をつくらせたら誰にも負けない人という具合にバラエティに富んでいた。組織には総務や経理といった部署も必要だが、そうした人材も集まった。いつしか、社員は20名を超えるまでになっていた。

だが、組織が大きくなると桃太郎型経営の問題点が露呈してくる。得意技をもちよるだけの集団だったので、目指す方向に違いが出ると、組織がまとまらなくなるのだ。

会社の沿革には「1987(昭和62)年　六甲歯研第二創世」と書かれている。このことは、足立が「創業期のメンバーと袂を分かった」ことを指す。と同時に、この辛い出来事を機に足立が人材育成に取り組み始めたことも意味している。

経営指針書(ビジネスプラン)で社員の経営参画意識を高める

会社を起して、初めて経験した大きなつまずき。足立は精神的に落ち込み、一時はうつ状態にまで陥ったという。そんな足立を救ったのが、彼のもとに残ってくれた社員たちだった。

「20人ほどの社員が私を支えてくれたのですが、彼らを幸せにするのが私の努めだ、と心の底から思うようになりましたね。だから、もう一度、経営の勉強をやり直すことにしたのです。本を読み漁り、多くの人の話を聞き、何をすべきかを考えました」

そう語る足立は、まずは足元を固めようと「理念の確立」を目指す。次に、〝オーケストラ型経営〟への脱皮を目標として掲げた。

足立の部屋には「利他行」と書かれた額がかかっている。自分のために事業をするのではなく、世の中のために役立つこと、これを経営者として優先させなくてはいけない――ある意味、至極当然なことであるが、言うは易く行なうは難し、だ。「利他行」の額をいつも目にする場所にかけたのは、一時的とはいえ方向を見失いかけた自分への戒めを込めてだという。

そして、それをアレンジし「利他共生」という経営理念を掲げた。六甲歯研の経営のベースは何であるかを、この四文字で示したのだった。

一方、オーケストラ型経営は桃太郎型経営を大きく進化させたものだ。一人ひとりが得意分野を活かす点は、従来の桃太郎型経営と大きな違いはない。だが、意思の統一という点で決定的な違いがある。

オーケストラには全体を束ねる指揮者が必要だ。それはトップである足立が務める。また、オーケストラはバイオリンやトランペットなどいくつものパートに分かれており、それぞれが小さな組織を形成している。こちらにもリーダーが必要で、そのリーダーを中心にまとまらなければいいメロディやハーモニーは生み出せない。さらに、パート同士が協調して……。つまり、何層もの意思の統一があって、初めて聴衆である歯科医師や患者さんを満足させることができるのが、オーケストラ型経営なのである。

「仮に、技能者・技術者がそれぞれ1の力をもっていたとしましょうか。4人いたら、単純に合わせると4の力ですよね。それがオーケストラ型なら倍の8に、場合によっては10や20にすることもできるかもしれません。とはいえ、少しでも不協和音があれば曲は台無しです。4以下になる危険性もある……。難度は極めて高いけれど、生み出す力ははるかに大きい」と足立は言う。

もうおわかりだろう、冒頭で紹介した「経営計画書」「社員総会」はその不協和音をなくすために足立が編み出した重要なツールだったのだ。経営計画書（経営指針）も社員総会もそう珍しいものではないが、それらを最大限に活かそうというわけだ。

一人ひとりにまで計画を落とし込む

六甲歯研の経営計画書（経営指針）、社員総会の特長は、そのつくられ方、運営の仕方にある、といって間違いない。具体的にどのように進められているのか、２０１３

社員の参画意識を高める「経営計画書」

（平成25）年を例に見ていくことにしよう。

経営経画書（経営指針）づくりは、年頭に当たっての足立のあいさつ文から始まる。これを大方針として、役員でたたき台を作成、その後、社員のなかから選ばれたメンバーが議論を重ねて6月に発表する「最終形」に仕上げていく。会社の目標・方針、部署ごとの役割等々、今年発表されたものはＡ４の用紙で30枚にもなった。

社員総会のほうは一日目、経営計画書（経営指針）が発表されたあと、社員全員で会社の方向性を話し合い、それが終わると部署ごとの議論がスタートする。自分たちの部署には何が求められ、そのためには何が必要なのか、どんなことをしなくてはいけないのか。率直な意見の交換が、「目標や方針の理解につながる」と足立は語った。そして二日目、部署ごとから個々人の目標へと移っていくのだ。

こうやって、一人ひとりに計画の内容を落とし込んでいく。しかも、社員総会ののち、毎日の朝礼の場で経営計画書（経営指針）のどこかの一節を読み合わせるということまで行なっている。世間によくある、計画は「立てたら終わり、紙に書いておしまい」、社員総会も「集まってそれなりに意見を述べ合って終了」というのとは決定的に異なっている。

導入当初を振り返って足立はこう話す。

「じつは、最初の経営計画書（経営指針）はわずか紙一枚。でも、手ごたえのようなものを感じました。社員はみんなたくさん給料が欲しいですよね。休みもいっぱい取りたい。口には出さないものの、それらは経営陣が実現すべきもの、という意識があったと思います。でも、率直に話し合ううちに、『自分たちが何とかしなくては』という意見が出始めた。社員総会を重ねるごとに、彼らの経営参画意識（オーナーシップ）というものが高まっていくのがわかったのです。意識改革なんて一朝一夕にできるものではありません。しかし、こつこつ続けていけば、きっと社員は変わる。それは間違いないと思いますね」

社長になれる能力開発マニュアル

足立のヒト育ては、これで終わらない。

経営理念、経営計画は一本の道。長期間あるいは一定の期間、自分たちが進むべき方向を示したものである。これを縦糸とし、さらに横糸を加えて「面にしよう」と足立は考えた。面にすることによって、社員たちの能力はさらに強化される。

「私の故郷である丹波は織物が盛んで、私の母親も織っていたのです。それがヒントになったといえばいいでしょうかね。織物は縦糸と横糸で成り立っています。経営もそれと同じではないでしょうか」

そう言って足立は笑うが、創業のきっかけを含め、彼の経営には故郷への思いが、じつに色濃く反映されている。

2001(平成13)年、六甲歯研では「能力開発マニュアル(職能要件書)」と呼ばれる分厚い冊子がつくられた。各部署の社員が、それぞれの立場で、どのような能力が求められているかを文書にまとめたものである。

たとえば、入れ歯など商品をつくり上げるセクションでは、

・機械の操作
・材料の特性の把握
・工程を管理する能力
・レーザーを使った技術

など細かい項目ごとに求められる水準が示されている。営業であれば納期、売掛回収など、総務・経理であれば法令や税務に関してといった具合だ。なかには、得意先である歯科医師別のクセや要望にどう把握し応えていくか、といったものまである。

これによって、自分のいまのポジションでは何が必要で、何が足りないかが明確になった。仕事のバラツキもなくなり、属人的だった技能を事業化・全体化することにもつながった。次にどの技術を習得すればレベルアップにつながるのかもわかるため、社員の挑戦意欲が目に見えて向上した、ともいう。

もっと基本的なこと、たとえば5Sの推進やあいさつがきちんとできているかなど、電話の取り方も書かれている。とにかく、「ほんのささいなことでもいいから、顧客満足にとって重要と思われることを書き出そう」と足立は社員には話したのだったが、そうやって出来上がったのが、このマニュアルなのだ。

「5Sや電話、挨拶なども加えたのは、『技工士は技術だけもっていればいい』は間違いである——それを明確に示す意味もありました。また、技工士の仕事は基礎から高度なものまで、さまざまなレベルに分かれています。マニュアルでは、これを作業フローチャートにして、自分の仕事が全体の流れのなかでどの位置にいるのかがわかるようにしました。自分の役割は何なのか、それがはっきりするので協働意識といったものも高まりましたね」

経営計画書（経営指針）と同じく、こちらも社員が中心になって作成された。まずはマニュアル作成のためのメンバーを選抜し、彼らが各部署を回ってヒアリング。「一日の流れを細かく書き出す」ことから始まったという。そして、メンバーがつくった案をベースに、役員や外部のコンサルタントなども交えて最終的なものにまとめあげていったのだった。

注目すべきなのは、マニュアルの範囲に「社長職」が加えられていることだろう。つまり、誰でも社長になれるマニュアル？　まさにそのとおりで、新入社員でも、どういう仕事をマスターすれば課長になれるのか、さらに部長に昇進し、将来、経営トップとして腕を振るうことができるようになるためには、どんな能力を身につける必要があるのか、それらが一目でわかるようになっているのである。

「夢を叶えるための工程表」といっても決していいすぎではないだろう。この能力開発マニュアルは2011(平成23)年に改定され、さらに精緻なものになっている。

どうせやるなら、働き、遊べ!

ところで、六甲歯研の人育てに関しては、風通しのよい社風という点も見逃せない。風通しのよさが社員の一体感をさらに増し、業績向上などの好循環を生み出しているようにも見えるからだ。

同社のホームページには次のような言葉が書かれている。

「どうせやるなら! よく働き、よく遊ぶ!」

「どうせやるなら!」は、プラス思考で行動する、ということである。「よく働き」は、社会人として当然のこと。「よく遊ぶ!」は気分転換を上手にすることだ、と足立は解説する。「プラス思考で行動するために欠かせないのが、全社員が一泊で集う社員研修会。経営方針をわかりやすく説いたものが経営計画書(経営指針)だ」とも。

ユニフォームも夏はポロシャツ、冬はトレーナーだ。堅苦しくなく自由な気持ちになれること、職場が明るくなることが、それらを導入した理由である。社員総会を神戸市内のレジャー施設で行なっているのをはじめ、ほかにもイベントが目白押しだ。

・年末に実施される忘年会。ここでは「重大ニュース」が発表され、社員表彰も行なわれる

・2年に1度の慰安旅行。最近の若者は、慰安旅行を嫌う傾向にあるが、同社ではみな進んで参加する。コースは3つ。場所も社員が決める。基本、現地に入れば自由行動という気軽さが、若者に支持されるのかもしれない（ちなみに、2012（平成24）年に行なわれた慰安旅行の行き先は、北海道、九州、沖縄だった）

・夏に実施する得意先などを招いたイベント。2013（平成25）年は海の家を借り切って行なわれた

「経営トップはイベント屋にならなくてはいけない」が足立のモットーだという。いつも仕事ばかりでは気づまりでしかたがない。たまったものを発散できる場があれば、社員も気持ちの切り替えが可能だろう、張り合いが出る、というのが足立の考えだ。

その一方で、足立は「徳」という言葉をよく口にする。いくら頭がよくても人徳・人望のない人には人は集まらない。会社の経営理念である「利他共生」を実現するうえでも、日々、どう行動するかは重要になってくる。社員研修などでも口酸っぱくそれを説く、という。要はバランスなのだろう。徳ばかり言い続けていれば、それこそ気づまり。また、和気藹々ばかりでも緊張感は緩み、いい仕事はできない。

まさに「よく働き、よく遊ぶ！」。会社主催のイベントといっても金のかかるものばかりではない。工夫次第で、楽しく一日を過ごすことは可能ということだ。

IT化で業界を覆う苦境を打開

ここまでは人材育成を中心に六甲歯研の歩みを見てきたが、つぎに経営全般について、成長した社員たちがそれにどうかかわっているのかを見ていくことにしよう。

歯科技工の世界は、足立がこの仕事を目指したころは「これからの有望業種」であったが、それはすでに遠い昔の話で、いまやたいていの技工士が経営に四苦八苦している。

背景にあるのは歯科医院数の過剰だ。飽和状態で医院経営が厳しくなっているのに加え、予防歯科の浸透で患者数自体も減少、政府の医療費抑制という向かい風も強い。生き残るために歯科医師は技工士への発注単価を切り下げるから、技工士の取り分は大幅に減った。さらに、近年では海外との競争が加わっている。中国に委託するケースも増え、技工士は海外とも競争しなければならなくなっている。

入れ歯などの技工物はどれも患者に合わせたオーダーメイドである。大量生産をしてコストを下げるといったことができない。結果、低賃金での長時間労働が続き、人材も定着しなくなってしまった。歯科技工士の学校も多くは定員割れで、廃校も続いている。これが歯科技工士をとりまく現状なのである。

では、打開策はないのか。そのひとつとして考えられているのが、自由診療だ。人工歯根を埋め込むインプラントや、歯を漂白する「ホワイトニング」、セラミック素材を使った技工物の使用――。これら付加価値の高い治療・サービスによって、歯科医院は収益を確保しようとしている。当然、技工士の側もその流れに対応すべく策を打ち出し始めたが、なかでも六甲歯研が進めたのが徹底したIT化だった。IT技術の活用により自由診療向けの技工物を製作する部門の強化を図ったのだ。

たとえば、CAD/CAMシステムの導入による効率化。技工物をつくる際、歯科医院ではシリコンなどをペースト状にして口のなかに入れ歯型をとる(これを「印象」という)。印象歯型に石膏を流し込んで模型を作成。この模型をもとに技工士たちが技工物を製作するのだが、六甲歯研ではCAMに模型を読み込ませることで精密な測定を行なうようにしたのだ。パソコン上で設計が行なえるため、作業効率や品質が大幅に向上したという。

任せたら社員が自主的に勉強するように

臨床応用シミュレーションソフトもいち早く導入した。口のなかのCTスキャンのデータをもとに治療計画を組み立てるというもので、歯科医院へのサービスとして運用している。このソフトはインプラントでとくに威力を発揮するため、インプラント関連の売上を大幅に伸ばすことにも成功した。ほかにも、技工物の色を患者の要望どおりに仕上げるための測色装置なども活用している。こうしたIT化の積極的な推進で、2010（平成22）年には、「関西IT百撰最優秀賞」も受賞した。

特記すべきは、このIT化を役員ではなく、社員たちが積極的に推進したことだろう。社員自らが進んで勉強し、何が必要かを考え、足立たちに提案した。そうした自主的な勉強の様子は、同社のHPにあるブログ「スタッフ勉強日記」などで垣間見ることができるが、IT化の部分ではとくに社員の力が大きかった。

「ことITに関しては、私よりもはるかに若手社員のほうが詳しいですからね。太刀打ちなんてできません。だから、多くは彼らに任せました。心配じゃなかったか、ですか？　しっかり勉強してくれていましたからね。いい結果を生むという確信はありました」

ただし、ITばかりに頼っていては、本当の意味の信頼は築けない。そのために、社員のコミュニケーション力の強化にも、六甲歯研は力を入れている。たとえば、土曜日などに技工士を歯科医院に派遣するという取組がある。歯科医師・患者の身近なところ、いわば〝現場〟で、生のニーズを把握しようというわけだ。

こうやって、歯科医師とのやりとりを通してコミュニケーション力も磨き、信頼関係も深めていく。これも人材育成策のひとつといって間違いないだろう。

老人介護を第二の柱に

1995(平成7)年に発生した阪神・淡路大震災――神戸に本社を置く会社と同じように、六甲歯研にとってもこの出来事が大きな転換点となった。歯科技工とは別の大きな経営の柱、それが震災をきっかけに生まれたのだった。

幸いなことに、六甲歯研自体は大きな被害を受けなかったが、避難所で多くの人が入れ歯をなくして困っているのを目の当たりにして、足立をはじめ多くの社員にボランティア精神が芽生えた。被災地以外の営業所の業務はそのまま継続。一方、本社の仕事はいったん休止し、避難所で入れ歯の修理、製作に当たった。このボランティア活動は、現在も違った形で継続されており、六甲歯研では各地の介護施設をまわって、入れ歯への名入れを行なっている。口のなかから出てしまった入れ歯は誰のものか容易にはわからない。ささいなことだが、「とても助かる」と感謝されるそうだ。東日本大震災の際も被災地に出向いた。

そして、足立は思った。

「施設にいる高齢者のなかには歯医者に行くことが難しい人もいるだろう。そうした人たちのケアはどうなっているのだろう?」

じつは、ここから六甲歯研の介護事業への進出が進められたのだ。歯科技工に加えた二本目の柱の構築がスタートしたのである。

足立は素早く行動する。会社の経営は成長した社員たちに任せ、自らが介護士の学校に通った。資格をとり、事業プランを練った。また、技工士の社員10名にもヘルパーの資格を取得させ、現場ですぐに入れ歯がつくれる特別なワゴン車も開発(特許も取得)。歯科医師、技工士、介護士がチームとなって口腔ケアを行なうサービスを始めたのだった。

「介護の施設に行くことで社員育成のヒントも多くもらうことができましたね。よい介護というのは、常に声をかけることが大切。声（肥え）をかければ気（木）が育つ――本当にそうだと思います。社員たちには、コミュニケーションの大切さを以前にも増して説くようになりました」

そして、1999（平成11）年、株式会社神戸介護ケアウイングを設立。口腔介護をもち込んだ先進的なモデル施設「ケアウイング六甲」もオープンした。現在は「ケアウイング弓の木」（どちらも神戸市灘区）も加わり、新しいスタイルの痴呆性老人対応型グループホームとして年々、注目度が高まっているという。

人材が育ったからさらなる発展に取り組める

2004（平成16）年、足立は60歳を迎えたこの年、社長を退き会長に就任した。以前から還暦になったら後進に道を譲ると決めていたそうだが、有言実行は簡単なことではない。「オレがいなければ会社はまわらない」という思いが先に立つからだが、人材育成に成功し後顧の憂いが少ないため、思い切って退くことができたのだろう。

事実、足立が会長になってからも、神戸以上に大きな市場である大阪に営業所を開くなど（ほかに、加古川営業所、西脇営業所がある）、経営は堅調だ。むしろ会長職を務める六甲歯研ではなく、神戸介護ケアウイングのほうの仕事に忙しい。この事業をこれからどうやって発展させていくか、「それを考えるのが楽しい」そうだ。

2002（平成14）年に六甲歯研は「ひょうご経営革新賞」を受賞、さらに2013（平成25）年には神戸介護ケアウイングでも「ひょうご優良経営賞」（「ひょうご経営革新賞」を発展的に解消して創設された同様の顕彰制度）を受賞した。これらの賞は卓越した経営の仕組づくりと実践に、余念なく会社運営をしてきた足立の成果であり、そのバイタリティあふれる企業活動の源にもなっている。

さて、足立のもう一つの仕事を最後に紹介しておこう。

「NPO法人　神戸ビジネスケアネット理事長」

阪神・淡路大震災の影響に加えて長引く不況。高齢者だけでなく、中小企業経営者も何らかのケアを求めている。「経営指針づくりなど、それぞれがもつノウハウをもち寄って、お互い元気になろう」というのが設立の目的だ。「新しいまちづくりの提言なども行なっていきたい」と足立は語る。社員教育にとどまらず、地域の企業家教育にも力を入れているわけだ。

「利他行を座右の銘に、自分のために行なうのではなく、世の中のため、社会の役に立つことをまずやってみる。そうすればいつか自分に返ってくる。そう心がけてきました。人生の折り返し点はとうに過ぎています。これからますます人育てに力を入れていきたいですね」

２０１４(平成26)年、六甲歯研は創業40周年を迎える。

足立が築いてきたノウハウや理念、経営観を誰がどのように継承し、また発展させるか。同社のこれからが楽しみである。

◎足立　勝（あだち　まさる）

1944（昭和19）年、兵庫県生まれ。大阪歯科大学歯科技工士専門学校卒。歯科医院勤務を経て、1974（昭和49）年、仲間4人と六甲歯研を設立。1980（昭和55）年、有限会社化。1991（平成3）年、株式会社に。積極的なIT化の推進で知られ、2011（平成23）年、関西IT百選最優秀賞受賞。その他、ひょうご経営革新賞、ワンモアライフ勤労者ボランティア賞なども受賞している。

◎株式会社六甲歯研

創　業　1974（昭和49）年
資本金　2000万円
従業員　71名
売上高　6億6000万円
事業内容　歯科技工全般、口腔介護支援
本　社　兵庫県神戸市灘区永手町1・1・187
電話　078・851・4449
http://www.e-108.com/

南部自動車学校（大東自動車株式会社）

自動車学校に異例の「担任制」を導入
生徒の親も満足させる取組で
県下トップ校に

加藤光一 社長

少子化の波が日本を襲っている。18歳の人口を例にとってみると、2013(平成25)年は123万人。20年前は200万人を超えていたから、6割程度に減少している。今後10年も、およそ110万~120万人で推移するとみられている。

2001(平成13)年が少子化の「画期の年」といわれ、このころからさまざまな分野に影響が出始めた。なかでも深刻なのは教育の分野で、大学の経営危機が叫ばれるようになり、2003(平成15)年には初めて大学の倒産（志学館大学＝広島県呉市）

が発生した。最近では、大学の閉校・募集停止は珍しくなくなり、メディアでニュースとして報じられることも少なくなっている。

18歳人口が減ったとはいえ、大学はいわゆる「全入時代」に突入し、大学への進学率は上昇中であるから（すでに5割を突破）、産業としての大学はまだましなほうといえるかもしれない。専門学校などでは大学以上に倒産・閉校が相次いでいる。自動車教習の世界も、少子化の影響が深刻だ。なかでも地方にある自動車学校の経営はとりわけ厳しい。そもそも地域全体の人口が減少しているうえ、都市部に比べて急カーブで若者の数が減っている。加えて、近年は若者の「クルマ離れ」も顕著だ。若者はクルマに乗りたいという願望をかつてほどはもっておらず、積極的に免許を取得しようという意欲も減退傾向にある。

マイナス要因ばかりの深刻な状況——。しかし、同業の苦境を尻目に業績を伸ばしている自動車教習所が三重県にある。「南部自動車学校」（三重県伊勢市。大東自動車株式会社が運営）がそれだ。県庁所在地である津市や県内最大都市の四日市市から離れた場所にある同校が、人びとをひきつけるのはなぜか。

そこには、お客様と社員の両方（＝ヒト）を伸ばす、独自の経営があった。

価格競争に加われば消耗戦になる

南部自動車学校の創業は、いまから51年前、1962(昭和37)年である。モータリゼーションの波に乗り順調に売上を伸ばしたが、1973(昭和48)年の石油危機を境に業績は低迷に転じる。創業者は経営を投げ出し、幹部社員だった加藤智氏(現・会長)が1977(昭和52)年に経営を引継ぎ、再建の任に当たった。いまの社長である加藤光一(自動車学校ができた年と同じ1962(昭和37)年生まれ)は、智氏の長男である。

智氏の経営は堅実で、間もなく業績は回復。南部自動車学校は危機を脱した。

加藤光一は、1984(昭和59)年に愛知県の大学を卒業したのち東京の商社に就職する。宝飾品関係の部門に所属し、商品の企画営業に携わった。

「商社での仕事は面白かったです。東京という大都会でバリバリ働けるところにも魅力を感じていました。いくら歴史のある街とはいっても、伊勢は地方の小都市。戻りたいとは考えていませんでした」

それでも、どこか気になるところがあったのだろう。智氏の懇請に応え、加藤は跡を継ぐことを決意する。28歳のとき商社を退職し、まずは2年間、都内の自動車学校で修行することにした。業界の実力者が経営する老舗の自動車学校で、加藤は「人を教える仕事のやり甲斐を実感」し、教習の基礎をみっちりと勉強するとともに、自動車学校経営のノウハウを貪欲に吸収した。

けれど、やがて「ルーチン的な仕事が苦痛に」なってきた。そしてある日、修行先の自動車学校経営者に「担任制」の導入を提案したのだった。

運転免許を取得するには、学科、技能それぞれの履修課程をクリアし検定をパスしなくてはならない。技能教習では、S字カーブがこなせる、縦列駐車や車庫入れが行なえるようになるなど、所定の習得技能が課程として設けられている。

それぞれの技能課程を教えるのは、とくに担当が定まっているわけではなく、生徒が自分の都合のいい時間に予約をいれ、その時間に対応できるインストラクター（指導員）が教習にあたる。だから、縦列駐車はA指導員に教わり、車庫入れはB指導員に教わるという具合に、その都度、教えてもらう人が変わる。これが通常のスタイルだ。「随時制」と呼ばれる。

「随時制」は、生徒にとっては自分の都合のいい時間に教習を受けることができるという点でメリットが大きい。自動車学校の側にとっては、インストラクターを効率よく割り振りできるというメリットがある。

「でも、私は教える側の立場として、このやりかたでは何かモノ足りなかったんです。自分が教えた人たちがどんなふうに成長するのか、きちんと見届けたい。その思いが強くなってきました」

そういう考えから、入校から修了までを一人のインストラクターが担任する仕組を提案したのだったが、この「担任制」の導入は見送られた。効率の面で難があったことに加え、自動車学校は規制産業で革新的なことを導入しにくい環境にあり、それらが阻害したようだった。

消化不良のまま2年間の修行を終え、加藤は1993(平成5)年、伊勢に戻った。

そのころは、まだ少子化の影響は出ていなかった。地方の自動車学校がメインターゲットとする18歳人口も200万人を超えていた。ちょうどベビーブーマー世代の子どもたちが、その年齢に達していた時期だった。

だが、変化の兆しがまったくなかったわけではない。バブル崩壊後の不況・デフレの影響から、一部で価格競争が始まっていたのだ。自動車学校を取り巻く環境は、徐々に変化を見せ始めていた。

価格競争に巻き込まれれば、経営体力を消耗するばかりになる。いくら社員が頑張っても、その労に報いることができなくなってしまう。しかも、少子化は確実に進展している。近い将来、この変化の影響は顕著に出てくるだろう。今のうちに何とかしなければ……。

父に代わって経営を任された加藤は、将来に備えた策を講じる決意を強くした。

抵抗を押し切って「担任制」を導入

まず加藤が取り組んだのは、経営理念の策定であった。

「人と技の交通教育を通じ、お客様に永遠《とわ》の安全を提供する」

きわめてシンプルなものだが、これを軸に、何をすべきか、何を変えていくべきかを考えていこう、と社員に訴えた。

そして次に取りかかったのが、修行時代に練った「担任制」の導入だ。後継者とはいえ、業界に入ってまだ数年しか経っていない若造が、斬新な制度の導入を訴えても、社員、とくに古参の者たちの反発を招くだけだろう。加藤は慎重にことを進めていった。

南部自動車学校に先んじて担任制度を導入している長崎の自動車学校を視察に訪れた。メリット・デメリットも含めてリサーチし、慎重に吟味したうえで、社長である智氏に新しい制度の導入を進言した。智氏とすれば、これから訪れる困難な環境下で経営の舵を取る長男が練った施策だ。すべてを任せる意思を表明してくれた。
た。
智氏が支える側に回ってくれたことは、加藤にとっては何にも代えがたい援軍だっ

けれど、予想にたがわず、社員の一部から懸念の声が上がった。

・必要な科目を取りにくくなる可能性があり、顧客離れにつながらないか？
・インストラクターの配置の面からも効率的とはいえず、利益に影響しないか？

口には出さないものの、「修了生の事故率がはっきりするなど、インストラクターの力量が明らかになる」ことを嫌う人間もいたようだった。

そして、「公安委員会からの圧力」を危惧する意見もあった。

これらに対して加藤は、諄々と説いた。

・科目の取りにくさを懸念して、一時的に顧客が離れていく可能性はあるが、しっかりと教えてもらえることで顧客満足（CS）は高まり、結果的に生徒を呼び寄せられるようになる
・インストラクターの腕も、競争意識が働くことで向上する。教え甲斐が高まればヤル気も増すだろうし、顧客の信頼も勝ち取れるはずだ
・経営効率の低下は、やりくりでカバーすることが十分可能で、顧客さえ集まれば

利益が減少することはない

先行きに対する不安は社員にも強く、何とかしなくてはという認識もあったのだろう。反対の声は徐々に小さくなり、最後は導入に納得してくれた。

それでも、懸念していたことのひとつが現実のものとなる。公安委員会からクレームがついたのだ。

自動車学校は、法的には「自動車教習所」と呼ばれる。その卒業検定に合格した人には卒業証明書が発行され、一年以内に運転免許試験場へ持参すれば技能試験（実地試験）免除で免許証が交付されるのだが、これは都道府県の公安委員会の指定を受けた自動車学校に関しての特典である。事実上、公安委員会の指定を受けない自動車学校は存在できず、指定取消の権限も公安委員会がもつ。よって、自動車学校が公安委員会の意向に逆らうことはきわめてむずかしい。

「教習の質をきちんと維持できるのか」「卒業の実績を上げるために、ゲタを履かせるようなことはないか」といった公安委員会の指摘に対して、「懸念はごもっともだが、長い目で見たら質の底上げになるはず」と加藤は訴えた。けれど、なかなか理解はしてもらえなかった。

現在も、「担任制度は好ましくない」というのが三重県公安委員会のスタンスである。

このことが担任制度の導入を後追いする同業者が少ない理由のひとつになっている。加藤は自分が正しいと思う道を突き進んだ。結果的には、それが吉となり、南部自動車は三重県ナンバーワンの自動車学校になったのだった。

生徒は「自分に応じた教習」を願っていた

南部自動車学校が正式に担任制をスタートさせたのは、準備期間を経たのちの2003(平成15)年のことだ。

加藤の目論見どおりの成果が得られた。評判が評判を呼ぶかたちで生徒は増えていき、10年後の現在、伊勢地域における南部自動車学校のシェアは20ポイント以上も上昇している。

2009(平成21)年には生徒数で三重県ナンバーワンの地位を獲得。2012(平成24)年4月~2013(平成25)年3月の入校者はおよそ1750人。前年比200人以上の増になっている。

「紹介率が高まっています。誰かの紹介でうちの学校に通ってくれるようになった人が、全体の半数以上。かつては一割程度でしたから、顕著な伸びです。多くの生徒さんは、一人の先生にしっかりと教えて欲しいと思っていたんですね。自分の長所、短所や癖をつかんだうえでしっかりと教えてもらえるのであれば、多少、希望の日時に予約が取りにくくても我慢できる。にもかかわらず自動車学校の側は、自分たちの都合でそうした顧客の要望に応えてこなかったということなのかもしれません」

担任制を導入して数年後のことである。インストラクターの一人が病気で亡くなった。亡くなったことを「受けもちだった生徒」にも知らせたところ、２００名を超える元生徒から、「お悔やみの電話」が寄せられたという。30名くらいの元生徒は、葬儀にまで足を運んでくれた。このインストラクターだけでなく、もう一人、病気で亡くなったときも、同じように弔問があったという。

担任制が免許を取得しようという人たちの心をつかみ、生徒の支持を得た証左だろう。

インストラクターが「やり甲斐」を自覚

教える側のインストラクターにも変化が生じた。

担任制導入によって、特定のインストラクターに希望が集中する可能性も想像され

「担任制」導入が生徒数増につながる

た。南部自動車学校ではインストラクターごとに、紹介数や指名数、卒業生の事故率などのデータを内部では公開しているから、自分が担当した生徒からは紹介数が少ないとか、担当した卒業生の事故率が高いといった不都合な現実を見たインストラクターは、ヤル気のベクトルがマイナスに働くことも懸念された。

ところが現実には、ヤル気を失う者はほとんど出なかった。一人のインストラクターに指名が集中することもなかった。

懸念事項はまったくの杞憂で、インストラクター全体の底上げが図られ、卒業生の事故率も減少した。数字が伸びないインストラクターには、管理・指導に当たる立場の者が面接や研修を行なう仕組になっているのだが、以前は渋々受けているように映る者も見られた研修が、「指導技能を向上させるため積極的に受けよう」に変わっていったという。

紹介数や指名数などがインストラクターの実績として評価されるために、モティベーション向上に作用した面もあるだろうが、「やはり教え甲斐というのが大きいのでは」と加藤は見る。

教習時間1コマ50分をギリギリまで使って教えるのは当たり前。生徒のためなら、有給休暇の変更を厭わないし、生徒一人ひとりの特性や技量に合わせて指導プランを組み立てていくのが「楽しい」という声が多く聞こえるようになった。かつての「随時制」に戻そうという声はまったく出ていないそうだ。

「料金は、ほかの学校と比べて安くはありません。価格競争はしたくない。それでも当校を選んでもらえるのは、他校にないものを私たちが提供しているからでしょう」

加藤のことばには自信がこもっている。

「ことば」で生徒とコミュニケーションを深める

南部自動車学校のチラシには、次のようなキャッチコピーが書かれている。

「50年の伝統と実績が作り出すブランドがあります」

「今、自動車学校をお客様が選ぶ時代です」

そのうえで、「ナンブ・ブランドを実現できる環境、それが担任制」だと謳う。

教習システムの変更が、社員のヤル気(ES)を引き出し、能力を大幅に伸ばした。教える側と教えられる側が信頼で結ばれ、信頼されているという満足感・充実感がさらなる指導力の向上に結びついていった。あたらしい顧客を呼び込むことにもつながった。それがナンブ・ブランドを構築した。

こうして生み出された社員のヤル気(ES)は、いろいろなところに波及している。

創業50周年を2012(平成24)年に迎えるにあたって加藤は、「南部自動車学校の三種の神器」を打ち出した。

「神器」といってもモノではなく目指すべき方向性であり、それを実現するにあたっての施策の多くに、社員のアイデアが反映されているという。

神器の第一は「担任制」だ。

インストラクターは、担当した生徒に年賀状や暑中見舞いを出すだけにとどまらず、「卒業おめでとうカード」や日々の「メッセージカード」など、担任なればこそのコミュニケーションをきめ細かく図る。

「個人情報の問題がありますから、生徒さんの電話番号やメールアドレスを聞くわけにはいきません。そこで、メッセージカードの活用を考えたんです」

「心に残る言葉」という運動も始めた。「共感運転」「おもいやり」といった、インストラクターそれぞれが独自に選んだ言葉を、機会あるたびに生徒に伝えるというものだが、そこには次のような思いが込められている。

「何故、心に一つの大切な言葉を残すことが永遠の安全に繋がるのでしょうか？　それは、その言葉を思い出しただけで、そのような現象に出会っただけで、フラッシュバックのようにインストラクターの熱い思い、スタッフの温かいサービスが甦ってくるからです」（南部自動車学校のチラシより）

「ほめる」でヤル気を引き出す

神器の第二は「ほめる教習」である。

加藤が、生徒をほめようと考えた理由のひとつに、若者のクルマ離れがある。

・経済的要因——そもそも自動車を購入・維持できない。

・意識の変化——自動車に魅力を感じないため、所有する理由・メリットを見出せない(むしろ所有するデメリットを感じることもある)。

若者のクルマ離れについては、ライフスタイルや価値観の変化も含めて、さまざまな要因が指摘されているが、統計的な裏付けをもつ分析は意外と少ない。

「言えるのは、積極的に免許を取りたいということではなく、社会人になれば必要とされるからしかたなく取っておくという若者が多いのは間違いない、ということでしょう」と加藤は見ている。

「電車やバスなど公共の交通機関が整備されている都会とちがって、地方ではクルマがなければ日常生活に不自由します。だからクルマにそれほど関心はないけれど、免許がなければ困るということで来られる生徒さんも少なくありません」

このような意識は、生徒のヤル気に影響を及ぼす。インストラクターがいくら熱心に指導しても、なかなか運転技能が向上しないケースも出てくるのだ。
だからこそ、ほめてヤル気を引き出そう――。

自動車学校の教習については、「叱る」というイメージがいまも根強い一面があるようだが、南部自動車学校はまったくちがう。ともかく、ほめる。

「ほめる＝認める」であり、認められれば運転が楽しくなるという考え方から、指導は、あたたかい日差しをたっぷりと浴びせて外套を脱がせる「太陽」作戦と、強い風で外套を引きはがすように脱がせる「北風」作戦になぞらえれば、太陽作戦に徹している。

「北風と太陽」はイソップ寓話のひとつで、物事に対して厳罰で臨む態度と、寛容的に対応する態度の対比を表す言葉として用いられるものである。

ほめる技術を向上させるために、毎日の朝礼で「ほめるロール・プレイング」もしている。誰かが誰かの、どんなささいなことでもいいから、徹底的にほめるという練習だ。最初は照れもあって、なかなか上手くいかなかったが、今では全員、スムースにほめることができるようになった。

「ほめる効果は大きいですよ。その重要性に気づいたあとで、『日本ほめる達人協会』なる存在を知り、協会創設者である西村貴好氏と出会いました。西村氏の指導のもと、ほめる重要性と技術を学び、同会の三重県支部長も務めるようになりました。今では私もほめることの伝道師を自認しています（笑）」

生徒の親もよろこび満足する

神器の第三は「親に感謝でいっぱいの自動車学校」である。

南部自動車学校には、親に対する感謝の気持ちを呼び起こす仕組を、教習プログラムのなかに組み込んでいる。卒業のときに親に「感謝のメッセージ」を送るようにしているのが、その典型だ。

生徒の多くは、18～20歳の若者だ。南部自動車学校の入校者は、高校生が50％、大学生40％、一般10％と、圧倒的に高校・大学生が多い。

それだけに、費用を親に負担してもらっているケースがほとんどだ。「そのことを忘れてはいけないよ」と、インストラクターは教習期間中に最低3回は親への感謝に言及するようにルール化しており、そのうえで卒業時には生徒本人とインストラクターからのメッセージカードを親に届ける（親からも生徒へのメッセージをもらう）。

若者特有の照れもあって、「エーッ」とためらっていた生徒も、「ありがとう！　安全運転するからね」といったメッセージを書くという。

「これまで、感謝のことばなど口にしたことのない子が……」と、受け取った親から感謝のことばが寄せられることも多いそうだ。

「クルマの運転は心のもち方で変わってくる」というポリシーから始めたことだったが、顧客満足度(CS)を高めることにつながったことは間違いない。

口先だけで感謝のことばを唱えているようではいけないからと、インストラクター個々が自分の親や家族への感謝を再確認するとともに、笑顔をたやさない訓練も行なっている。

電子機器メーカーが開発した「スマイルチェッカー」という笑顔度を測定する機械がタイムレコーダの横に置かれており、社員は毎朝、このチェッカーに笑顔で向かい、自分の笑顔度をチェックする。

「希望日までに免許が取れたらいいというのが生徒さんの唯一最大の希望なのかもしれません。でも、やはりいちばん大切なのは安全です。安全のためには心構えが大切です。そのことを訴え続けていきたいと思っています。当校では毎朝、経営理念を唱和して一日をスタートするのですが、それは安全についての意識をゆるめないためです。自動車学校らしくない学校？　そうかもしれません。でも、今ではそれが私たちのブランドになっています。これからも貫いていくつもりです」

地域経済の衰退など、一企業ではいかんともしがたい課題も多い。そのため、県外からの生徒を募集する受け皿として「合宿教習」をスタートしている。さらにフィットネスクラブやレンタルバイクショップの経営にも取り組み始めた。

「社員の力を借りて、時間をかけてでも大きく育てていきたい」と加藤は考えている。

あいさつ・感謝・笑顔がヒトを育てる

「ほめる」ことがヒトを育てると加藤は言うが、ほめることによってどのような効果が生まれるのか。加藤は次のような点を挙げる。

・ほめると、相手が成長する
・ほめると、相手と良好な関係を築くことができる
・ほめると、人間力が上がる
・ほめると、感動に出会える

経営の現場で、「ほめる」に努めているケースは少ないかもしれない。ほめるイコール甘やかすになるととらえる向きもある。

しかし加藤は、あいさつ、感謝、笑顔、そして「ほめる」を重視している。

「ほめなければ、本来伸びる人間も、伸びることができないと思うんです」

叱られた人間は叱られたところだけを直そうとする。次は叱られないように、と。つまりマイナス思考になりがちだ。まず頑張っていることを認めて、ほめる。そのうえで、どこをどう直せばいいのかアドバイスすれば、アドバイスされたところ以外も直すようになる。こちらはプラス思考だ。これが、加藤の言う「ほめると、相手が成長する」ということだ。

「ほめると、人間力が上がる」は、たとえばある行動を見たとき、それをすごいと思い、実際に「すごい」と口にすることができるようになるためには、たえず言葉を意識しておく必要がある。観察眼も鋭くなくてはいけない。この姿勢が人間力を高めるという。

「そして、人をほめた結果は感動という形で返ってきます。ほめた本人の成長にもつながっていくし、人を引きつける力もなります。人脈やネットワークも広がっていく。だから、ほめることを実践して欲しいんです」

南部自動車学校が毎朝の朝礼で行なう「ほめるロール・プレイング」は、誰かをほめるトレーニングだ。ほめ上手になるのは容易ではないが、「まずはこれを使ってみよう!」という言葉として、「すごい」「さすが」「素晴らしい」の3つを使うことからスタートするそうだ。使っているうちに、自分なりの表現を見出すようになるという。

南部自動車学校のインストラクターはおよそ40名。時日の経過とともに自然に世代交代がすすみ、いまは若いインストラクターが多数を占める。サービススタッフも同様だ。

インストラクターやスタッフがまず感謝の気持ちをもって、あいさつをしっかりと笑顔で行なう。それがナンブブランド構築の原点として機能しているようだ。

◎加藤光一（かとう　こういち）

1962（昭和37）年、三重県生まれ。1984（昭和59）年、愛知大学卒業後、東京の商社に入社し宝飾品を扱う。その後2年間の自動車学校勤務を経て、南部自動車学校（大東自動車株式会社）に入社。企画部長等を経て2000（平成12）年代表取締役に就任。

◎南部自動車学校（大東自動車株式会社）

創　業　1962（昭和37）年
資本金　1200万円
従業員　69名（契約社員等含む）
売上高　5億8000万円（2013年7月期）
業務内容　自動車教習場およびフィットネスクラブ経営、自動車修理など
本　社　三重県伊勢市小俣町元町1648-10
電話　0596-23-1155
http://www.safety-nanbu.com/（南部自動車学校）

株式会社澤井珈琲

「夢」を追って夫妻で起業
「感動と意外性を提供する」積み重ねで
基盤を築く

澤井幹雄社長

鳥取県境港市――。米子市の北、島根県との県境近くに位置する漁業基地だが、2009(平成21)年度後期NHK朝の連続テレビ小説『ゲゲゲの女房』放映もあって、漫画『ゲゲゲの鬼太郎』の作者水木しげる氏の出身地としても全国にその名を知られるようになった。

境港駅前から本町商店街に延びる800メートルの道路は、「水木しげるロード」と呼ばれ、水木作品に登場する妖怪のブロンズ像153体や絵タイルが配されている。

澤井珈琲は、この境港市で1997(平成9)年に開催された「ジャパンエキスポ鳥取――山陰夢みなと博覧会」の会場跡地である工業団地、竹内団地にある。

本社事務所に喫茶店舗と工場が併設され、庭にはバラの花が咲く。「SAWAI COFFEE」のマークが目立つ。

「50歳になっても輝いていたい」との妻の夢に共感し起業

大阪経済大学を1972(昭和47)年に卒業、米子市の日本交通に入社し、経理・総務畑を歩んできた澤井幹雄は、知人の紹介で由美子と結婚した。1975(昭和50)年1月のことだ。

由美子は安来市にある日立金属の関連会社でコンピュータのプログラマーをしていたが、親族の突然の死に接したのを機に、「このままプログラマーとして定年を迎えたくない」「50歳になっても輝いて仕事をしていたい」という思いを抱くようになっていた。

その思いを打ち明けられた澤井も、将来の人生設計を模索しはじめていた。

「夫婦共有の思い」を実現するため、澤井は由美子とともに未知の世界に飛び込むことにした。1982（昭和57）年7月のことだ。澤井32歳、由美子30歳にしての新たな旅立ちだった。

専門雑誌で米屋がパンに押されて売上高が減少し、その減少分をオフィスコーヒーで補填しているという記事を見て、これからはコーヒーが普及すると思い込み、米子市上福原の自宅を拠点に、企業にコーヒー・メーカーを貸し出し、コーヒー豆を購入してもらう「コーヒーサービス山陰」を立ち上げ、米子を中心に鳥取県赤碕（現在の琴浦町）から島根県安来市までのおよそ100キロ圏を対象エリアに営業に駆け回ることになった。雑誌でオフィスコーヒーサービスを展開する株式会社ダイオーズの記事を目にし、「これからのビジネスは、コーヒーだと思った」のがきっかけだった。

当時は高速道路もなく、クルマはエアコンなし。暑さにうだりながらの営業活動だった。

澤井は「豆を挽いたコーヒーを楽しむ時代がすぐにも到来する」と思い込んでいたが、現実はそう甘くなかった。1日20社訪問しても、成果ゼロという日もあった。由美子は、「夫を道連れにしたことを悔やんだこともあった」という。

澤井は、「店舗のない会社など信用できない」「どこの馬の骨かもわからないようなところからモノは買えない」という声に、いまに見返してやる、と意欲をかきたてた。

努力が少しずつ実を結び、1984(昭和59)年には米子市の大型商業施設「ホープタウン」のそばに店舗を構えた。コーヒー豆を売るだけでは借金を返済するに足る売上が見込めないので、当時最先端の業態だったハンバーガーショップを併設した。近くにある米子北高校の生徒が下校時にソフトクリームやハンバーガーを買ってくれるおかげで、店は期待どおり繁盛した。

すると、地元の商店主が近くにマクドナルドを誘致した。しばらくは対抗できたが、マクドナルドが低価格のセット商品を打ち出すと、売上はたちまち落ち込んだ。

コーヒー豆の専門店に特化する

中途半端な店づくりだからコーヒー豆も目立たなくて売れない、コーヒー豆を売ろうと事業をはじめたのだからと、澤井はコーヒー豆専門店へと戦略を転換させた。

「商売のことは何も知らない、コーヒーのコの字も知らない、そんな者がコーヒー専門店を営むとは、何とも無茶な話だった」と振り返りながら澤井は、「お客様のほうが自分よりずっと詳しかった」「珈琲のいろんなことをお客様から教わった」と当時を語る。

そのころからの贔屓客の一人がいう。「あのころの二人を見ていると危なっかしくて、自分たちが応援しないとこの若い夫婦は駄目になる、と思った」そうだ。

コーヒーは〝苦い〟いうイメージがあって敬遠されるのではないかと、澤井は飲みやすさにこだわった豆を開発するなどの工夫をかさねた。

立地は大型商業施設のそば、売るのは大手企業のものと差別化を図ったこだわりの味の豆。それでも客足は伸びず、売上は一日に一人のお客様に200グラムだけという日もあった。

その貴重なお客様は「福多さん」といい、「私の名前は福が多い福多です。私が来る店は絶対に流行りますから、頑張って!」と励まされたのを、今も覚えているという。

コーヒー豆の納入業者も、繁盛店に「ノウハウを教えてやってくれ」と頼み込んでくれた。澤井は朝9時から夜9時まで働いたあと、大阪に出向いて繁盛店をめぐり、販売ノウハウの習得に努めた。

繁盛店めぐりをするうちに「コーヒー豆の半額セール」を目にし、このとき澤井は商売のコツをつかんだという。

コーヒー豆の潜在需要は間違いなくある。問題は、顧客のニーズをどのようにしてつかむかだ。それこそが事業のポイントであると確信したというのだ。

喫茶スペース併設の店舗展開に乗り出す

１９８２（昭和57）年の創業以来、米子市を中心に事業を展開してきたが、１９８９（平成元）年に松江市に新店舗を構えたのを皮切りに、鳥取市、出雲市にも出店をすすめた。新たな市場を求めての決断だった。

１９９０（平成2）年には、資本金３００万円の有限会社組織に改め、商号を澤井珈琲とした（２００７（平成19）年、株式会社に）。個人商店のままでは企業や官庁との取引に支障が生じ、事業伸長のハードルが高いとの判断による。

松江では市内の浜乃木に店舗を構えたが、日本茶の文化が根付いた土地柄とあって、目論見どおりの成果は得られなかった。

澤井は「このままでは撤退もやむを得ない」と思うまでになっていた。「商売をはじめて初の屈辱」を感じていた。

そんなとき、お客様の一人から「浜乃木ではなく、島根大学の学生も多い学園通りに店を出したらどう？　撤退はいつでもできる。もう一度チャレンジをしてみたら」

とのアドバイスをもらった。

そこで澤井は恐る恐る、取引銀行の副支店長に相談をもちかけた。すると副支店長は、「やりましょう。澤井さんの悔いのないところでやればいい。応援します」と二つ返事でOKしてくれた。

澤井は松江の新店舗開設にあたり、「一日でも早く借金を返済し、応援してくれる人に迷惑をかけないようすることが何よりの恩返しになる」と、売上を高めるためにコーヒー豆の販売だけでなく喫茶スペースを併設することにした。

コーヒーを淹れる「水」に、まさに地産地消で大山山麓の湧水を使うようにもした。新しい業界動向を自分の目でつかむために、毎月のように東京に出かけ、当時は珍しかったエスプレッソとカプチーノのマシンも購入した。500万円したという。

ホテルでアフタヌーン・ティーが人気を集めていたことから、これからは紅茶も重要な商品群になるととらえ、紅茶にも取り組みはじめた。

こうして新機軸の店舗が生まれ、人気を博するようになった。現在展開する6店舗のうち3店舗は、コーヒー豆の販売と喫茶部門を共存させている。

開店当時、松江店は由美子が一切を取り仕切っていたため、澤井は早朝、由美子をクルマで米子から松江まで送り、帰りも米子から迎えに行くのを日課にしていた。長男の理憲が高校を卒業し、英国で紅茶の淹れ方やマナーを学び、日本紅茶協会のインストラクター資格を得て松江店を担うようになるまでの5年間、この送迎を続けた。

松江店は、日本紅茶協会が認定する「おいしい紅茶の店」の、山陰での第一号店に選ばれている。

2002(平成14)年には松江ゆかりの文豪・小泉八雲(ラフカディオ・ハーン＝ヘルン)にちなんだ紅茶シリーズ「ヘルン紅茶」を発売した。小泉八雲はアイルランド出身であることから、「アイルランド」「ヘルン」「やくも」の3ブランドを儲けている。いずれも大人向けの香りを特徴とする。

松江店の成功を皮切りに、1992(平成4)年に鳥取店、2000(平成12)年に出雲店、2002(平成14)年には米子に2店舗目(国道431号線沿いにあるため、通称四三一号店)をオープンした。

出雲店は、英国の古城で使われていた煉瓦を輸入して使用するなど話題性豊かな造りだ。話題性もまた、澤井珈琲の店舗ブランド力向上に寄与している。

「ネット」活用で新市場を開拓

インターネットが普及の兆しを見せはじめると、澤井はいち早く、ホームページを開設して商品を販売する検討に乗り出した。

ソフト会社に相談すると、「ネットでの販売は、成り立たないでしょう」との答え。しかし澤井は、「日本のビジネスは大手中心で、落ちこぼれた需要を中小零細企業で取り合う構造になっている。大手が参入していないのは準備ができていないからにすぎないだろう。ネットでなら一番になれるかもしれない」と、ネット販売にかける意をより強くした。

会報誌の広告でネット販売の発想をもつ岡山県の業者に出会ったこともあって、ホームページを立ち上げた。2000(平成12)年のことだ。

2002(平成14)年には、ジャマイカを代表する高級銘柄ブルーマウンテンを農場から輸入したコーヒー豆の使用実績が評価され、ブルーマウンテン優秀賞を受賞した。これを機に2003(平成15)年に楽天に出店、その楽天から2005(平成17)年に「ネット広告」の出稿をすすめられた。

それまでは地元での新聞折込広告が中心で、全国規模での広告など考えてもいなかったため、ためらいがあったが、思い切って出稿をすることにした。当時、同社の宣伝費としては破格の50万円を投じた。

「ネットは未知の分野だったけれど、他社に先駆けて売る仕組を構築しよう」と踏み切ったという。

ネット通販業務は、松江店が受けもった。長男の澤井理憲が松江店を担当していたからである。

「ちょうど2002(平成14)年ごろです。担当していた松江店の売上が下がってしまい、なにか対策をと考えていたとき、楽天市場で月商100万円という見出しが飛び込んできたんです」というきっかけで、実店舗に代わる販路になればと2003(平成15)年3月、楽天市場へ出店したのだと理憲が背景を語ってくれた。

しかし月商100万円どころか、最初の購入客が得られるまでにおよそ40日もかかった。オープン翌月の売上も2万円強と100万円にはほど遠い。

売上アップに頭を悩ますうち、行き着いたのは当時人気のエスプレッソ・マシンだった。

コーヒー豆は、どちらかというとおまけ。エスプレッソ・マシンに大量のコーヒー豆のサンプルを付けて売り出すと、注文が寄せられるようになった。オープンから8

カ月後の２００２(平成14)年12月には、目標の月商１００万円を突破した。

理憲は、店を閉めたあと、夜９時から朝まで、倉庫の片隅でパソコンを開き、作業をこなす日々を続けた。

「そんな環境でも、月商１００万円を突破できましたから、まったく苦にはなりませんでした」と理憲は振り返る。

エスプレッソ・マシンの売上は、翌２００３(平成15)年も好調だった。

ネットショップでもファンづくりを重視する

ところが２００４(平成16)年４月、売上の９割を占めていたエスプレッソ・マシンの出荷を停止するとの申入がメーカーからもたらされたのである。理由は、「(マシンの)売り過ぎ」というものだった。

急ぎマシンをほかのメーカーのものに替えたが、月商１００万円を割る月が続いた。2年間の積重ねが、振出しに戻ったのである。

「このままエスプレッソ・マシンを前面に立てて売るやりかたでは、先行きは暗い。マシンに引き寄せられてくるお客様は、マシンがなくなれば一気に引いていく」

理憲に残された商材は「コーヒー豆」であったが、楽天でのコーヒー豆の売上は出店以来芳しくない。南米産を中心に厳選したコーヒー豆を扱っているのに、なぜ売上が伸びないのか。エスプレッソ・マシンの影で表面化していなかった問題に理憲は直面した。

解決の糸口は、店でお客様に応対していたときに得られた。店を訪ねてくるお客様は、「今日はどんな豆がありますか?」「どの豆がおすすめでしょう?」と聞いてこられる。

ネットショップでも、「今日はどんな豆があるのだろう?」と期待してくれるファンを増やせばいいのではないか……。

2004(平成16)年夏、理憲は、コーヒー豆を注文すると、一種類ごとに10の異なる焙煎、4つの挽き方の40通りから選択できるようにした。「オリジナル・テイスティング」である。

店でやっていることをネットショップに置き換え、お客様の好みに応じてコーヒー豆を焙煎し、希望に応じた大きさに挽く。お客様に正面から向き合い、お客様の求めにこまやかに対応することこそが、ファンづくりのいちばんの方法であると思い至ったのだ。

ラベルには、一つひとつ、「○○様のために心を込めて」と書いて送るようにした。「自分の名前が入った袋に自分好みのコーヒーが届いたのには驚いた」「ほんとうに自分のためだけのコーヒー豆が届いてびっくりした」という声が多く寄せられるようになった。

手間はエスプレッソ・マシンを売っていたころより増えたが、一度購入されたお客様の2人に1人がリピーターになっているという。

月に1~2回の発行頻度であったメルマガも、週に2回近いペースに増やした。

コーヒー豆を器具とセットで販売し躍進する

こうした取組が功を奏し、2004(平成16)年12月のネットによる月商は300万円を突破した。

2005(平成17)年10月には、楽天市場への出店3周年を記念して、「コーヒー豆と電動ミルの3000円セット」200組を用意した。コーヒーをおいしく味わってもらうには、焼きたての豆を飲む直前に挽いてもらうのがいちばんだからだ。

これはコーヒー事業をスタートしたとき、澤井が大阪の繁盛店めぐりでつかんだ販売方法をヒントに考案したものである。澤井は「コーヒー豆と器具をセットで販売する」ことを学び、企画をあたためていたのだった。それを伝授された理憲が具体化し実行に移した。

より多くのお客様に届けたいと楽天の広告枠「グルメニュース」を購入し告知したところ、一日に1000セット以上の注文が寄せられた。思いもかけない注文数に、なにかのミスではないかと疑ったという。結局、セール期間中に2000セットの注文を受けた。

理憲は、「毎晩、ミルで豆を挽きながら、リラックスした時間を過ごしています」というお客様の声をもらったときに、父と共有する思いが届いた実感に胸が高鳴ったという。

楽天市場のドリンク・お酒部門で週間と月間のMVPを獲得。12月には月商2000万円を超えた。この勢いは以降も続き、2006(平成18)年には楽天ショップ・オブ・ザ・イヤーのドリンク・お酒部門で大賞に次ぐジャンル賞を獲得した。

ネット通販のリピート率は通常20％程度であるが、澤井珈琲では60％超となっている。

2006(平成18)年に境港市竹内団地に本社・工場を新設。それに伴い、現在は理憲も本社でネット事業を行なっている。

顧客に感動と意外性を提供することに努める

理憲は「ネット通販は、顧客の感動と意外性が大切」という。

「コーヒーは、幸せの場面の名脇役ですよね。一日のスタートをきる朝、ちょっと一服する昼下がり、夕食を終えて大切な人とのリラックスタイム……そんな時々に幸せを提供できる存在です。そのコーヒーを扱う事業に参加できていることに喜びを感じています」という思いを根底に、「お客様に365日、24時間、幸せを運び、喜んでもらえるアイディア商品を提供していきたい」と、感動や意外性を提供する企画を打ち出す。

たとえば、「福袋」だ。

2007(平成19)年のネットショップは、「2007円の新春福袋」で幕を開けた。「日本最古の神社でお祓いをしたコーヒー豆」をおまけに付けた。注文数は予想をはるかに超え、神社から「今後は、NG」といわれたという。

売上の落ちやすい夏場対策として、ウォーターサーバーを付けた「水出し珈琲福袋」

喫茶店舗も併設した澤井珈琲本社

や、数種類のアイスコーヒーを組み合わせた「超冷却福袋」もある。

ほかに、定番ものとして「珈琲の王様福袋」「ドリップバッグ福袋」。

季節ものとして「新春お年玉福袋」「夏の〝涼〟を感じる福袋」「年に一度のクリスマス福袋」。

企画ものとして「義理チョコセット」「七夕福袋」「勤労感謝福袋」「電動ミル付福袋」。

さらに2011(平成23)年、理憲は福袋企画を見直し、顧客の多くがリピーターすなわち常連であるであるため、毎月感動とニュースを届けたいと、月替わりの福袋もはじめた。

検索しやすいサイトづくりと、商品企

画でさらに顧客を広げようと、ヤフー・ショップにも出店した。また、このネット事業は、全国中小企業情報化促進センターの情報化優良企業奨励賞を受賞している。

２０１３（平成25）年1月にはこれまでで最高の月商１億円を記録した。

お客様の声を伝えて社員の意識を変える

その一方で、問題も生じるようになった。

ひとつは、注文件数が急速に拡大したことによって、「オリジナル・テイスティング」の要である焙煎を、こなしきれなくなったことだ。労力を注いでも、月商が１５００万円を超えてくると、どうにもむずかしくなってきた。

悩んだ末、この問題にはコーヒー豆の品揃えを増やすことで対応した。

もうひとつの問題は、従業員の負担の増加である。

２００６（平成18）年は毎日１００件だった注文が、２００７（平成19）年には3倍に増えた。企画は理憲が一手に引き受け、出荷はほかの従業員が行なう体制をとっているから、従業員にかかる負担が大きくなった。結果、お客様からのクレームが増えた。

「ネットは顔が見えないだけに、お客様からの問い合わせやクレーム対応などには、対面販売以上に気を使う。丁寧な顧客対応が成否を分かつポイントになる」と認識しているだけに、理憲は危機感をもった。

そこで理憲は、毎日の朝礼で商品や事業に関する情報を説明し、お客様からのレビューを休憩所に掲示するなど、従業員全員が状況と目的を理解し、やりがいを実感できるように努めた。

この積み重ねで従業員の意識に変化が現われ、クレームも少なくなったという。

たえず新商品開発を続ける

「コーヒー豆に含まれるトリゴネリンは脳細胞を活性化し認知症を防ぐ」という記事が新聞に載ったことがある。富山医科薬科大学(現富山大学)薬学部の服部政雄教授が講演で発表したものだった。この記事を目にとめた由美子は、早速、服部教授に面会を求め、商品開発への支援を依頼した。澤井が感服する由美子のバイタリティがこのときも発揮された。

トリゴネリンは熱に弱く、通常の焙煎温度では変質し、苦みが強くなりすぎて飲めなくなるものだったが、服部教授、鳥取県産業技術センター食品開発研究所の協力を得て、低温焙煎技術を確立した。さらに認知症研究の第一人者、鳥取大学医学部の浦上克哉教授に協力を仰ぎ、2003(平成15)年の着手から一年半後に商品化に至った。商標登録もしている。

この研究・商品化の目的は認知症予防だったが、受験生等の脳の活性化に効果があること、女性の更年期障害の悩みの解決に寄与することもわかった。

これより以前の1998(平成10)年には、砂糖を入れるのでコーヒーは肥満につながりやすく、とくに女性はコーヒーを敬遠しがちだとの声を受けて、飲んでダイエットできるシェイプアップ・コーヒーを発売している。

2012(平成24)年には紅茶の渋味成分に含まれるテアフラビンの殺菌効果に注目し、鳥取大学医学部景山誠二教授の指導のもと、鳥取県産業技術センター食品開発研究所の支援も得て、「飲むマスク」ともいえる「とろみ紅茶」を発売している。

現在は、インフルエンザ等の予防効果が期待される「高テアフラビン黒紅茶」の商品化にも取り組んでおり、これは鳥取県産業振興機構から次世代地域資源活用事業に選定され、鳥取大学医学部景山教授、鳥取県産業技術センター食品開発研究所中村優子研究員等の支援を得て、すすめている。

また、「コーヒーに含まれるカフェインに脂肪燃焼効果がある」ことに着目し、コーヒー豆と焙煎方法の研究も行なっている。メタボリック対策などから脂肪燃焼効果のある食品や飲料が注目されるなか、開発にかかる期待は大きい。

さらには、コラーゲンを配合した商品、氷温技術を活用した氷温甘熟珈琲などの商品化もすすめている。

これらの研究・開発は、鳥取大学医学部、鳥取県、鳥取県産業技術センター、鳥取県産業振興機構等の支援・協力のもと、いわば産学公連携を活用してすすめており、その成果としては、2008(平成20)年2月経済産業省「地域資源活用新事業展開支援事業」、2009(平成21)年鳥取県経営革新大賞を受賞、2010(平成22)年11月鳥取県「次世代地域資源活用事業」認定取得などがある。

商品開発はコーヒー豆にとどまらず、コーヒーと鳥取黒毛和牛のコラボ商品「カフェ・カレー」を開発し、2009(平成21)年鳥取県主催の「食のみやこコンクール」で最優秀賞を獲得した。

また、2012(平成24)年には、境港市の本社隣接地に、市場の拡大が期待されるドリップバッグ・コーヒー等の製造工場を新設した。鳥取県は漫画王国を自称するように、「ゲゲゲの鬼太郎」の水木しげるだけでなく、「名探偵コナン」の青山剛昌、青年向け漫画で評価の高い谷口ジローの出身地でもあることから、澤井はドリップバッグ・コーヒーのキャラクター商品化を企画し、まず「ゲゲゲの鬼太郎」を、続いて2013(平成25)年4月には小学館プロの許諾を得て「名探偵コナン」を発売した。「名探偵コナン」商品は発売直後から話題になり、これまで取引のなかった企業から取扱いのオファーが寄せられるようになっている。

海外市場開拓がさらなる飛躍のテーマ

夫婦2人で起業してから30年目に年商が15億円を突破した。由美子とともに新商品を生み出し、さらに長男理憲がネット販売を育ててここまできたのだが、澤井はこれからの取組強化テーマとして、海外での事業展開を挙げる。国内のコーヒー市場はほぼ大手メーカーに押さえられているのに対し、海外では市場獲得の余地がまだあるからだ。

かつては鳥取県の斡旋で、韓国や上海の展示会に日本フェアの一部として出展してみたが反応は鈍かった。2006(平成18)年、台湾・台北の国際食品見本市「フード台北」に単独参加したところ反響が大きかったので、代理店を通じての輸出を開始した。台北の代理店が販売価格を高く設定しているのに不満を感じていた澤井は、競争力強化や取扱店での補充を効率よく行なう狙いもあって代理店任せをやめ、２００８（平成20）年、台北に現地法人を設立した。２０１０（平成22）年7月に台湾三越、11月に台湾ＳＯＧＯに出店するなど、台湾での事業はこれまでのところ順調に推移している。台湾市場開拓の先に澤井が見据えているのは、中国市場だ。「台湾と中国は同一民族。両国間の貿易には関税がかからない。台湾経由のほうが、中国進出がスムーズではないか」という。

創業の精神を共有する社員を育てる

そしてもうひとつ、テーマに据えているのが、「人材の育成」である。

人材育成の基本は感謝の念をこめて「ありがとうございます」を言うこと、すなわち挨拶であるとする澤井は、現場で自らそれを実践して従業員を育ててきた。

また澤井は、創業の志《こころざし》や接遇のありかたをマニュアルにまとめ、社員に渡している。それをもとに教育をかさねた結果、「社員のお客様に対する感謝の気持ちが育っています」という。

「社員一人ひとりが創業の志《こころざし》を理解し、お客様を大切に、お客様を飽きさせないよう、そして自分自身が飽きないように、接遇や商品開発を心がけてくれています」

イベント等でネットから大量注文が予想される日は、担当者が自主的に勤務時間を調整し、注文にできるだけ早く出荷できるように努めるのだそうだ。

由美子は、「クレームから、仕事をよりよくするための課題が得られます」と、お客様からのクレーム対応についての社員へのアドバイスに力を入れる。

お客様からもたらされる、「もっとこうだったらいいのに……」「こういうことをしてくれないだろうか……」といった要望は、商品やサービスにまだまだ「不足」や「不安」を感じさせる部分があるからだ。その「不」の部分を解消し、「不足」を「満足」に変え、「不安」を「安心」にしていくことがビジネスチャンスにつながるとの認識による。

「自分が楽しむ気持ちをもたなければお客様に楽しみを伝えることはできません」と、社員にはいいと思ったことはまずやってみることを推奨している。

「動いてみてわかることがたくさんあります。動かなければわかりません。若いときはやってみたことすべてが栄養剤になります。たとえ失敗しても、それも自分を成長させてくれる貴重な栄養剤になります。ムダなことはひとつもありません」と由美子はいう。

「ズブの素人でしたし、身近に商売をしている人もいなかったので、まさに手探りでやってきました」と振り返る澤井は、詳細は語らないものの、かつてベテランを雇用し苦い経験を味わったことがあるという。

由美子はいう。「若いうちの経験はやがて大きな力になります。澤井珈琲の社員の母親のつもりで、スタッフと一緒に楽しみながら仕事をしようと思っています」

澤井は、「おもてなしのプロとして、お客様への気配りが十分に果たせるような人材教育にいちばんと注力したい」というが、「創業の志《こころざし》を少しずつわかってくれるようになってくれました。みんなまだ若いのですが、われわれがリタイヤしても十分に頑張ってくれると思っています」と社員の成長ぶりを語る。

澤井のモットーは、「動いて開く」だ。「考えたらまず動いてみる。そこからすべてがはじまる」という澤井はこれから、澤井珈琲を世界ブランドにする取組とともに「人財」育成にどのような施策を講じるのだろうか……。

◎澤井幹雄（さわい　みきお）

1950（昭和25）年生まれ。1972（昭和47）年大阪経済大学卒業、米子市の日本交通入社。1982（昭和57）年独立し、米子市でコーヒー販売を開始。1990（平成2）年有限会社澤井珈琲を設立＝1997（平成19）年株式会社に改組＝し代表取締役就任。

◎株式会社澤井珈琲

創　業　1982（昭和57）年7月
設　立　1990（平成2）年7月
資本金　1000万円
事業内容　コーヒー豆、紅茶の卸・小売
本　社　鳥取県境港市竹内団地278-6
電話　0859-47-5381
http://www.sawaicoffee.co.jp

株式会社デジタルアライアンス

「ヒトは権限を与えて伸ばす」をベースにガーデンメーカーのトップ企業に

有本哲也社長

株式会社デジタルアライアンスは、インターネットを通じてエクステリア用品を販売する会社である。

商材は、たとえば駐車場(カーポート)だ。「エクスショップ」と名づけられたサイトに、いろんなメーカーのものが紹介されており、顧客はそれを見てオーダーする。

施工は、パートナーとして契約を結んでいる各地域の提携施工店が行なう。その数は全国におよそ300強。

取引メーカーは、およそ200社。メーカー自体がそれほどあるわけではないので、表札などのメーカーも含めた数だ。

会社設立は2000(平成12)年。

もともとはカーポートやテラスの屋根を主力商品にしていた。そこから、物置、ウッドデッキなど扱う商材を広げ、いまに至っている。

社長の有本哲也がいう。

「わたしは創業者でもあり後継者でもあります。主要仕入先であるトステムさん、YKKAPさんの2社に関しては、父から引き継ぎました。そのほかのメーカーさんとは、問屋経由であったり、直接取引であったり、取引形態はさまざまなのですが、新たに仕入ルートを開拓し、取扱商品を増やしてきました」

ネット販売を基本とするが、楽天やアマゾンのようなところでは売りにくい商材、すなわち届けて終わりではなく、物流の先がメインになる商材を扱っているのが、いちばんの特徴といえる。

社長5人に100万円ずつ出資してもらい会社設立

有本の祖父が材木を扱う会社を興し、父親がその後を継いで経営していたのだが、1995(平成7)年の阪神・淡路大震災後、震災の影響もあって廃業に至った。

廃業といっても、夜逃げ同然の敗走だった。

そのときに唯一残っていた子会社を有本が継ぎ、その会社がもっていたメーカーとの仕入口座を使い、会社そのものは新たに設立した。それがデジタルアライアンスだ。有本が継いだ会社はいま、休眠状態にある。

デジタルアライアンスは、有本が資本を集めて設立した。

「地域の社長さんたちにプレゼンをして回りました。40〜50人にお声かけした結果、5人の方が100万円ずつ出してくださいました。わたしも100万円を用意して設立したのです」

資本金600万円をもって、有限会社デジタルアライアンスが誕生した。

もともとはエクステリア用品などのネット販売を目的につくった会社ではなかった。

「設立した2000(平成12)年当時、わたしには会社をつくるお金がありませんでした。親も同じ状態でしたから、ＩＴの会社をつくるということでプレゼンをして回ったのです。ＩＴ企業っぽい社名になっているのは、そのためです」

立ち上げた当初は、ニュースなどのウェブサイト更新情報をまとめて配信する「ラインントピックス」なるシステムを開発し、そのサービスに乗り出した。翌２００１(平成13)年には一日に１５０万アクセスを超えるまでに普及、事務所は神戸市の六甲アイランドにある神戸ファッションマートに移した。

ところが、この情報配信システムについて、新聞社から著作権法違反で提訴された。ホームページ上にあるニュースの見出しをクリックすると、配信元の新聞社のページが開く仕組だから、新聞記事と同じ見出しにしたほうがユーザーの利便性は高い。折しも、グーグルニュースが日本に上陸しようかという時期だった。ニュースページが自動的に集約されコンテンツとして生成されるのは、新聞社などマスコミにとっては阻止したいことだ。「ラインントピックス」はその先駆けのようなシステムだったこともあって訴えられたのだろうと有本は振り返る。訴額は４億円だった。

以降、およそ４年間、東京地裁、東京高裁での、新聞の見出しが著作物に値するかどうかという裁判に、有本は多くの時間を費やした。

東京地裁では有本の完全勝訴。新聞社は控訴し、東京高裁では和解勧告(一部敗訴)

となり、24万円の支払いで結審した。

新婚旅行の最終日が判決日だった。

「もう新婚旅行の7日間が全然楽しくなかったです」

この裁判中に「ウェブサービスでお金を発生させ、商いをしていくのはむずかしい」と感じた有本は、モノを売ることに特化していく。その売るモノの仕入ルートとして唯一もっていたのが建材ルートだったことから、いまの事業の原型ができたのだった。

父の債務を引き継ぎ、銀行を辞めて社長業に

有本は、銀行員だった。大学を卒業後、地方銀行に入ったのだが、父親が身体を壊したため銀行を辞し、父の会社を手伝うことにした。1996(平成8)年のことだ。そのとき、父の会社はすでに不渡りを一回出していた。

「大きな土地を兵庫駅の前にもっていたのですけど、その土地はすでに手放していました。家までは取られていなくて、高架下でひっそりとやっているところに手伝いに入ったのですが、父は身体の調子が悪くてリタイヤ。結局わたしが一人で切り盛りすることになりました。でも当時わたしは26歳ですから、上手く回せるわけがありませ

ん。借金が4200万円くらい、年商は1800万円くらいでした。とても返せる状況ではなく、社会保険もほとんど滞納しているような状態でした」

父親は三人兄弟で、兄弟で会社を三つに分けて継いだのだったが、弟の連帯保証をしていた。弟の会社が潰れてしまったため、連帯保証した分が父親に回ってきた。その父親が返せなくなった債務を、有本が引き継ぐことになったのだ。

デジタルアライアンスの設立時、出資してくれた社長たちから、「この会社は有本君の会社だから、僕らは一切口を出さない。ただし有本君も100万円は出しておきなさいよ」といわれたものの、その100万円がどこにもなかった。手にした金は毎月すべて親に渡していた。有本は消費者金融の5社から20万円ずつ借りて100万円をつくった。消費者金融一社からまとめて100万円は借りられない状態だったという。

銀行を辞めて父親の会社を継ぐことに、有本のためらいはなかった。

「銀行は、ずっといる場所ではないと思っていました。どうしても入りたくて入ったわけではありませんでしたし。しかも入行一年目に阪神・淡路大震災です。わたしは西宮北口支店にいましたから、震災融資や取引先フォローの仕事がほとんどでした。父親のほうは一人で状況が厳しそうでしたし、妹も弟もまだ家にいましたから、長男である自分が手伝わなければ」と、1996（平成8）年、震災処理が落ち着いたところで退職した。

2年間の銀行勤務だったが、銀行員として中小企業を回り、社長とも話をしていたのが、事業をはじめるうえで役立った。

「物流の先」がメインになる商材をネットで販売する

デジタルアライアンスの業績が伸長を示しはじめたのは、現在の事業に軸足を移した2006（平成18）年以降だ。

裁判が結審したのが2005（平成17）年。翌2006（平成18）年に資本金を1000万円に増資し、株式会社に組織変更した。ここからがデジタルアライアンスの近代史になる。

新聞社との訴訟問題を抱えていた時期は、ウェブのホームページづくりや、建材の販売を行なっていた。建材販売はネットを通じてではなく、工務店への直接販売だった。さらには職人のような仕事もこなし、細々と食いつないでいた。

「そのころ、デジタルアライアンスを立ち上げる以前の1998（平成10）年に、とにかく収入が欲しかったものですから、ホームページというよりも紙芝居ページといったほうがいいものですが、そこにカーポートなど、引き継いだ会社が扱っていた商材を載せました。まだ楽天は存在しておらず、ヤフーも検索をかけて1000件くらいしかなかった時代です。藁にもすがる気持ちでした」

すると、「ホームページを立ち上げたことも忘れていたくらい」時日がすぎた12月末のある日、メールが一本届いた。和歌山の人からのメールだった。

ホームページにあるカーポートを付けたいのだけれど、できますか？　というものだった。

「売り方なんてなにも考えていなかった」有本は、YKKAPの担当者に相談した。その担当者が、和歌山にいる同期の人に電話をしてくれて、同期の人が現場を見て寸法をとったものをFAXで送ってくれた。しかも工事も請け負ってもいいよといってくれた。有本は、問い合わせてきた人に見積りをメールした。返事は、安いからぜひ付けて欲しい、というものだった。

「あ、こうすれば一人でやっているような規模でもできるな、と思いました。そこでメーカーさんと協力してスタートしたのです」

これをきっかけに、裁判をしている時期にシステムを導入し、2006(平成18)年から成長期に入っていったのだった。

エクステリア用品の「エクスショップ」とガーデン用品の「ガーデンプラス」のサイトには、取扱商品の写真とともに、価格が〇〇%オフといったかたちで載っている。といって、安さをいちばんの売りにしているわけではない。

販売価格は、仕入の掛け率と粗利を勘案して定める。もちろん商材によってそれらはさまざまだし、戦略的な価格設定をする商材もあるが、基本的に無理はしていないという。建築業界は、孫、ひ孫までいるくらい中間業者が多い。仕入は、その実態を踏まえて対応する。

利益は、顧客とのやりとりをシンプルにしていくなど業務の効率化によるコストカットで生み出す。

人のつながりが希薄化している都市部のニーズに応える

「安さももちろん大切な要素ですけれど、どこで買ってどうやって取り付けたらいいのかわからない商材ですから、その利便性から選択されている可能性が高いでしょう」

商材のほとんどは、ネット以外であれば、ホームセンターが扱うものだ。

「カーポート、ウッドデッキ、テラス屋根といったものを購入しようとすると、ホームセンターか工務店さんになります。基本はホームセンターですね。ホームセンターが近くにない、車で行けない、どこで買えばいいかわからない、そういう人がネットで調べてみると、店に行かなくても、メールをすれば明日か明後日には現場にきてくれて、寸法を測ってくれて、取付までしてくれる。家のなかで終わるわけです。忙しい人にはすごく便利でしょう。価格も半額以下。選ばれる理由は、たくさんあります」

利便性と価格の安さが、顧客にデジタルアライアンスを選択させるのだ。

顧客は、関東圏が多い。東京、神奈川、千葉、埼玉の関東エリアで5割を占める。大阪、兵庫など関西からの注文もあるが、基本的には首都圏、都市圏が多いという。

ホームセンターが近隣にないようなエリアは地域内のつながりが強いので、知り合いが紹介する工務店で購入する。

「地方では、たとえば親戚のおじさんが大工さんで、大工さんは直接商材を扱っていませんけど、その紹介でというかたちが多いです。IT、インターネットに関するスキルや感覚もかかわりますし」

そういうつながりが希薄化しており、ネットになじみのある人が多い都市部向きの事業といえる状況にある。

「工務店さんに現物はありませんし、ホームセンターは代表的なものを置いているだけで、結局はどこに行ってもカタログを見て選ぶことになります。当社の場合、お客様の声を、いま3万件ぐらい、すべてネット上に公開しています。工事の写真もいろんな角度から撮ったものすべてを公開しています。代表的な商品がひとつふたつポンと置いてあるホームセンターよりも、施工例もない工務店よりも、当社のホームページで自分が欲しいと思う商材のいろんな施工例やお客様の生の声を参考にするほうがいいと、評価をいただいています」

利用者の声が顧客満足を生む職人をつくる

顧客と接する施工店の職人は、顧客満足（ＣＳ）のカギをにぎる存在だ。

デジタルアライアンスでは、全国３００社の提携施工店を、エリアごとにデータベース化し分類している。同社の仕事が１００％のところ、時間が空いているときだけ手伝うところなど、立ち位置やかかわり具合はさまざまだ。そのなかからエリアの主軸となる施工店を中心に仕事を回していく。

これまでに契約した施工店は４００社を超えるという。

契約にあたっては、施工技術からコンプライアンス体制までを確認するために、青森であろうと、鹿児島であろうと、一回、二回と担当者を変えて面談を行なう。それでも運用してみると、下請に投げているなどの問題が起こる。そういった問題は、お客様の声から判明することが多い。

お客様には、施工後に評価をつけてもらう。

「すると、たとえばまったく悪気はないのですが、くわえタバコで仕事をする人がいます。昔は許されたスタイルであっても、いまは完全にアウトです。挨拶も、きちんとできなければいけません。施工クオリティだけではなく、サービスマインドや考え方の面でどうしても無理なところとは契約を解除し、新しい提携先を探すことになります」

これまでに100社以上と契約を解除し、その入れ替わりも含めた残りが現存の300社だという。担当部署の社員は、提携先探しに全国をずっと回っている。

お客様の声は、施工店にフィードバックする。

「お客様の声をネガティブにとらえればチェック機能を果たしますし、ポジティブにとらえればモティベーションアップにつながります。お客様がなにを求めておられるかも明確になります。これまではお客様と直接接する機会が少なかった職人さんも、お客様からの生の声がうれしいようで、もっとしっかり挨拶をします、といった反応があります」

顧客のリピート率は、商材がそれほど頻繁に購入するものではないため2〜3％だが、紹介が多いという。

「たとえば神奈川で働いている息子さんが、ひさしぶりに盆休みに山口の実家に帰ることになりました。実家では、子どもが孫を連れて帰ってくるからと、おじいちゃん、おばあちゃんは、みんなでバーベキューをしようといいます。それならウッドデッキをつけようということで、距離を超えた紹介が生まれるわけです」

神奈川に住んでいる息子は一度利用しており、あそこなら安心して任せられるということで、依頼が寄せられるのだ。こういうケースが多いという。

「建築は地域産業で、そのエリア内でしか紹介が成立しませんが、ウッドデッキなどの施工工事は全国で対応できますから、紹介が成立するのです」

伊豆の別荘に行くから、そのタイミングに合わせて現場を見てほしいといった要請に、距離を超えて対応できるのが魅力だという。

リピートも、カーポートをつけた顧客が、今度はウッドデッキがほしいということで申し込む。そのとき、申込フォームに、「前回と同じ施工店さんでお願いします」「この前の人にやってもらえるとうれしいです」と書かれていることがあって、施工店や職人が、紹介やリピートを生むことが多いようだ。

「エクステリア用品をネットで売るのが強みの会社だとよくいわれるのですが、そうではない。うちの強みは日本全国どこでも工事ができることで、ネットで売ることそのものは強みでもなんでもありません」と有本はいう。「ネットで売ることは、お金さえかければ誰でもできます。うちは、ヤマト運輸さんや佐川急便さんが担ういわゆる物流インフラの先で必要になる工事インフラを全国に自社でもっていることが強みです」と。

当たり前のことが当たり前に行なわれる会社にする

有本は、「当社は非常にわかりやすい」という。それは、いわば明朗会計という意味合いだ。

2006(平成18)年に第三者割当増資を実施し、およそ6500万円を調達した。

「創業時の出資者とはまったく色合いのちがう、事業会社であるトステムと神戸市のファンド会社が株主に加わりました。そこでベンチャーキャピタルさんから監査法人を入れるよう要請があり、トーマツさんを紹介してもらいました」

トーマツは、監査を引き受ける条件として、監査や管理のことがわかる人間の存在を求めた。当時は個人商店の延長線上にある状態で、経理は一人の女性社員が処理していた。そこで管理担当を取締役管理部長として迎え入れた。

これを機に、企業として当たり前のことを当たり前にやるようになった。

もっとも、「一年ぐらいは戦争状態だった」という。

「経費を使ったら、社長、これは稟議書を書いてください、稟議書がなければ下りません、とくるわけです。いろんなルールでがんじがらめにされて。右腕になると思って迎えた人間に、ずいぶんいじめられました」と笑う。

たとえば有本が乗っている社用車について、「私用で使っていないか?」という。通勤にしか使わないと答えると、「近所のコンビニに行くときも、まったく?」と指摘され、私的な使用はしないように釘をさされる。「車で通勤するなら自分のお金で買ったものにしてください」となる。

「もう腹が立って、あいつクビにしてやる! と思いましたよ」というが、「公私をきちんと分けることはすごく重要で、そうしていると、幹部や社員さんもわかるんですね。会社がだんだん変ってきました」と評価する。

社長が「公私混同しない」会社でなければ人財は集まらない

新卒採用もこのころから始めた。

経営者仲間に「新卒採用の会社説明会をしたらおかげさまで70人、80人と集まってくれて、設立10年ちょっとの会社にありがたいことです」というと、「有本さんのところはベンチャーで、社名もＩＴっぽいからいろんな人が集まってくれるんでしょうけど、うちのような製造業にはさっぱり人が集まらない」と返ってくるそうだ。

そこで、「社長、車はなにに乗っています?」と聞くと、答えはたいがい高級車。自分の車か会社の車かたずねると、「会社の車」という答えだ。

「社長、社長のところに社長が欲しがっている一流企業にいくような人間がきたとしても、そういう経営だったら3カ月もすれば自分がここにいるのは間違いだといって辞めていきますよ」

有本は、そう指摘することがある。

「いわゆる中小企業的な経営をするのはオッケーだと思います。ただ、そういう経営をしながら、一流企業にいくような人間を求めるのはちがうでしょう。そういう人間を採用し、そういう人間で会社を伸ばしていきたいのであれば、まず自分を律していかないといけない。そのバランスがよくない中小企業経営者が多すぎるのではないでしょうか」

有本自身が、「二、三年くらいは翼をもがれ、いろいろ頭を打って勉強させてもらった」から痛感するという。

いまは1分単位で勤務時間を管理しているが、かつてはサービス残業のようなこともあったという。夜の12時近くまで残業をする社員がいる。ただし、12時にはみんな帰る。終電が12時だからだ。

当時の利益は300万円くらいだった。

「サービス残業を黙認して、つまり完全にルール違反をして、年間300万円の利益しか出せない状態だったわけです。実態は赤字。終電の時間に左右されるような収益モデルでしか黒字を出せないのは、経営者のレベルが低いからです。終電時間という環境に甘えていました。これはいかんなと思い、労働基準法に則って正常化を図り、社員の働く環境づくりをすすめてきました。この時期がいちばんしんどかったです」

社員の役割・責任・権限を明示する

ヒトを伸ばす基本は、「責任を与え、ポジションを与えること」だと有本は思っている。「より正確にいうと、権限を与えて伸ばすことを心がけています」と。「勘違いしがちなのは、ポジションだけ与えて、明確ではない責任を与えること。これがいちばんまずいやり方でしょう」という。

有本自身が、「これ、お前に任せるから頑張って」とポジションだけ与えて、任せていたことがあった。しばらくすると、その社員が困っているようなので、「どうした?」と聞くと、「むずかしいです、できないのです」という。問題点を聞くと簡単なことで、ここをこうしたらできるでしょとアドバイスをすると、その社員は、「え、僕そこまでやってよかったのですか?」「僕にそこまでの権限があったのですか」と驚いた。

権限が明確でなく、責任だけ与えられていたのだった。

「マラソンは42·195キロ先がゴールだとわかっているから、そこまで頑張れます。これが明確でなければどこまで頑張ればいいのかわかりません。ですから職務分掌と職務権限規定は、明確につくるようにしています。ヒトは権限を与えて伸ばすものだと思いますから、そこには相当力を入れています」

デジタルアライアンスの社員数は107名。平均年齢は29・3歳だ。

「お金がなかったのでどうにかしようと会社を立ち上げたまでで、志《こころざし》がどうこうといった話は、たいてい成功した人の後付けの話であって、ほとんどないとわたしは思っています」という有本は、事業の志であるとか社会的使命といったものから経営に乗り出したわけではないが、「社員が増えてくると、方向性やビジョンというものは示していかなければなりませんから」と、経営指針はつくっている。

まずは、デジアラ・フィロソフィー。「笑顔が生まれる住空間を私たちの手で」というものだ。経営理念だ。

経営理念を実現するための経営方針が、デジアラ・ベクトル。つぎの六つが定められている。

一、全国のご家庭を豊かにする「人と庭とのつながり」を創造していきます。

二、エクステリア商品の提案を通じて暮らしに新たな「ゆとり」を提供していきます。

三、未来を担う子供たちがすくすくと育つお庭環境を提案していきます。

四、緑を育て、環境を創り、人々がいきいきと暮らせる町並づくりに貢献していきます。

五、業界の発展・繁栄に貢献し人材の育成に力を注いでいきます。
六、お客様に信頼され、100年後も存在しつづける強い組織に成長していきます。

さらに、デジアラ・クオリティというものがあって、
「役割分担」×「等価交換」×「試行錯誤」
と示されている。

「役割分担」とは、いまの自分の役割が何であるのかを自ら見極め、その役割に誇りと責任がもてること。また、仲間の役割を理解し、尊重し、その人がいるから自分が活かされているのだと理解できること。

「等価交換」とは、何かを得るためには同じだけの対価を追わなければならないという考え方だとして、「自由と責任」「権利と義務」「成長と努力」が例示されている。目的があれば、その対価を負うことによって誰でも等しくそれを手に入れるチャンスはある、とも。

「試行錯誤」とは、目的達成のためにさまざまな手段を考え、くり返し、くり返し試みて、失敗を何度も重ねながら邁進すること、とある。

この精神を社員自らがもつための、デジアラ・スピリットなるものも掲げられている。

明文化された指針によって、社員が会社の方向性と自らの役割・責任・権限を理解

して動くようになっている。

「家の外」を基本に「ガーデンメーカー」としての認知度を高める

有本がいま力を入れて取り組んでいるのは、「庭、空間をつくっていくこと」だ。

「家のなかに入っていく事業展開はありません。基本的に家の外。屋外の部分を変えていくというのが基本的な方向です」

かつての家は、住むところだった。家を建てようと思うと、近所の大工さんに頼んで、大工さんが描いた図面をもとに、間取りはこれでいこうと決める。

「大工さんが形を描いてつくったのが家で、家は家だったと思います。それがいまは、家が家ではなく、商品に変わった。住むところだったのが商品になって、いろんなハウスメーカーさんやビルダーさんが生まれ、たとえば家族の空間、デザイン性、価格設定、構造といった付加価値をつけて、家のなかでどんなことができるか提案できるようになりました」

日本人は、「庭」に強い執着をもつ民族だと有本はいう。

「日本人は、猫の額のような庭といいますし、一戸建てといわずに、わざわざ庭付き一戸建てといいます。世界でも、これほど庭やその空間に強い思いをもつ民族はいないでしょう。それくらい執着がありながら、多くの庭、家の外の部分はどうでしょう。会社説明会のとき学生さんに、庭のイメージは？　庭は何をするところ？　と聞くと、答えはほとんど三つです。花壇、ペットのワンちゃん、バーベキューなんかをするところ。これ以上の価値観は出てきません。つまりそれがいまの日本の庭です。庭の部分は50年前の家と一緒で、価値がまったくない。外構や庭の業界ナンバーワン、あるいは大手ってどこですか？　と聞いても、誰も答えられません」

庭については大手が存在しないからだ。

「家の外、庭の部分について、もっといろんな価値を提案していくべきだと思います。それはエコかもしれないし、教育かもしれない、防犯かもしれません。プライバシーかもしれません。いろんな面で家の外の部分を活用していくようにしたい。それがいまのテーマです」

家の外が活用されないのは、そこについて価値を提供できる企業が存在しないからだと有本は見ている。だから、金融だとか、食品メーカー、不動産やハウスメーカーと同じように、ガーデンメーカーあるいは外構メーカーというカテゴリーをつくろうとしている。

「家庭」の「庭」の価値を高める

デジアラ・ベクトルに「人と庭とのつながりを創造していきます」とあるとおり、「人が庭に出る機会を少しでも増やしていける、いろんな価値を提供できるような会社になっていくのが当社の今後の方向です」と有本はいう。

ここぞというガーデンメーカーは存在しない。「庭」の分野では、デジタルアライアンスが売上規模で最大手になるという。

「それくらいこの業界には中小企業しかいないのです。まさしく家族経営であるとか、ハウスメーカーの下請ばかりやらされてきた業界なので、エンドユーザーにアピールできる会社は存在しないのです」

家と庭と書いて「家庭」でありながら、これまではずっと家の方が強く、庭は家の付属物のように扱われてきた。

これが、有本が「庭」の価値を高めることをテーマにしている理由だ。

いま、有本は「すごく売上にこだわっている」という。

「ハウスメーカーさんは、家の部分にお金かけてもらいたいから、庭は残ったお金で

「人と庭のつながりを創造する」ガーデンプラス展示場

どうしましょうくらいです。庭に対する啓蒙や価値の創造をしなくても、箱で儲かっていますから。ですからガーデンメーカー、外構メーカーは、市場に新しいものを提案できる組織というか力をもたなければ……。ということで売上にこだわって、成長のスピード感をあえて求めているところです」

花を植えようと思うような「庭」をつくれば、街並も変わる。

「いまやろうとしていることはかなり重要なことですし、マーケットも大きいと思います」

トップの求心力でなく役割分担で機能する組織

「両親にマンションを買ってあげられた時点

で、やっとお金から解放されました」

２００６（平成18）年だった。それ以降、有本の軸足はいちだんと経営にシフトした。

「ひとつ山を越えた感じで、そこから会社や社員さんのためにという意識を強くもつようになりました。それまでは儲けてお金を返すことばかり。２００６（平成18）年以前のわたしを知っている人からは、有本はなぜそんなに変わったのかとよくいわれます。急に経営のことをいい出しました」

これまでの足跡を記したものに、「すべてが限界に達する」「いまにも折れそうな心」という文字がある。そこからいまに至るまでの原動力はなんだったのか……。

「有本さんはストイックだとかいわれます。でも実際に両親が夜逃げをしてボロアパートで暮らすようになり、そこには祖母も弟もいました。そういう状況にあると、ストイックだとかそういうレベルではない。心が折れる・折れないというレベルではなくて、やるしかなかった」

そして、人のご縁に助けていただいた、ともいう。

「裁判をかかえることになったときの弁護士さんも、たまたま知り合いで、すべて一人で闘ってもらえました。支払ったのは、東京に一回行ってもらうときの５万円だけ。新幹線代と宿泊代です。すべて手弁当でした。いま、うちの顧問弁護士をお願いしています。いろんな方に助けられて、どうにかこうにかやってきました。人に恵まれています」

デジタルアライアンスは、エクスショップ事業部、業務推進部、ガーデンプラス直営事業部、販売企画部、システム開発部など10の部門で組織が構成されている。

10人の部門長がおり、有本を含めて11人で意思決定をしていく体制だ。

経営陣の年齢を見ると、代表取締役である有本が42歳、専務(有本の弟)が37歳、常務32歳、取締役2人が49歳と35歳と、若い有志が有本の志《こころざし》に共感して集結しているイメージだが……。

「事業の志《こころざし》といったものは、そもそもわたしにはありませんでしたから、わたしの志《こころざし》に共感して入社したというような人たちではありません。どちらかといえば、いっしょにつくってきた人たちです」

トップの求心力で動かす組織ではないのだ。

「部門長10名も、それぞれの分野に長けた方ばかりです。わたしはそれぞれの分野のことについてはとてもかなわない。部門長に任せています。ですから、わたしと彼らではなくて、彼ら同士のバランスで成り立っているのかなと。トップ対彼らになると、トップがしんどくて潰れると思います。仮にトップと直接線がつながる関係が生まれたとしても、それぞれの線の横にいる人間や全体とのバランスで組織は成り立つものだと思うんです」

求心力ということでは、たとえば常務のほうが、有本よりもすごいという。

「巻き込むのが、いい意味ですごく上手な女性です。しかも常務はわたしの言葉をいちばん理解できる人で、わたしが発するよりも、彼女が発するほうが巻き込み量は高くなります。わたしが伝えても伝わらない社員もいます。彼女がいることによって伝わるようになる。そういう役割分担のバランスがあって、組織は成り立つのではないでしょうか」

それぞれに得手不得手があって、たがいに補完し合う関係があって会社は円滑に機能するようになるという。

「若い割には、それぞれのエキスパートが揃っていいます。いやらしいいいかたかもしれませんが、うちの幹部の給料は高いです。若くても、価値は認めていますし、いい方にはきちっと存在していただきたいですから」

デジタルアライアンスの2012(平成24)年度の売上高は44億円、経常利益は1億6000万円だった。

◎有本哲也（ありもと　てつや）

１９７１（昭和46）年生まれ。１９９４（平成６）年甲南大学卒業、株式会社関西銀行（現関西アーバン銀行）入行。１９９６（平成８）年、関西銀行を退職し有限会社マルテ（現・株式会社マルテ）入社。翌１９９７（平成９）年、代表取締役就任。２０００（平成12）年、有限会社デジタルアライアンス（現・株式会社デジタルアライアンス）を設立し代表取締役就任。

◎株式会社デジタルアライアンス

設　　立　２０００（平成12）年４月
資 本 金　９７、８６８、０００円
従 業 員　１０７名（パート33名を含む）
年　　商　44億３０００万円（２０１３年３月期）
業務内容　大型建築資材のネット販売・外構一式のネット販売
本　　社　神戸市東灘区向洋町中６‐９　神戸ファッションマート10Ｆ
　　　　　電話　０７８‐８４６‐４４０１
　　　　　http://www.d-a.co.jp/

株式会社御所坊

日本最古の温泉をもつ有馬のまちと旅館を「ヒト」のネットワークで時代の先を行く存在にする

金井啓修社長

兵庫県の六甲山北部にある有馬温泉は、日本最古の温泉といわれる。１３００年の歴史をもつとされ、『日本書紀』には舒明天皇や孝徳天皇が御幸したとの記述がある。清少納言の『枕草子』にも登場するし、太閤秀吉がしばしば湯治に訪れ「湯山御殿」を建て、これによって有馬千軒と称される繁栄に至ったとも伝わる。

「日本三古泉」（他に愛媛の道後、和歌山の白浜）、「日本三名湯」（他に群馬の草津、岐阜の下呂）のひとつに数えられ、長きにわたり多くの観光客に愛されてきた。

御所坊は、1191（建久2）年の創業。歴史と伝統を誇る有馬温泉のなかでも老舗中の老舗旅館である。谷崎潤一郎、吉川英治、志賀直哉など、歴史に名をとどめる文人たちが愛した宿としても知られる。

現在は株式会社御所坊のグループ企業のひとつとして運営されている。御所坊社長の金井啓修は、旅館「陶泉 御所坊」の15代目当主になる。

「観光カリスマ」はヒトに支えられてのもの

関西の奥座敷といわれる有馬温泉は、京阪神のどこからでも、訪れるのにそれほどの時間を要さない。大阪からは、クルマなら50分程度、電車だと1時間。京都からはクルマで1時間ほど。神戸からなら30分ばかり。

だが、地理的条件に恵まれていようと、歴史と伝統を誇ろうと、温泉地として集客が約束されるものではない。

有馬温泉の観光客入込数（訪れた客数）は、1991（平成3）年の192万人をピークに減少に転じた。

阪神・淡路大震災のあった1995（平成7）年には、102万人にまで落ち込んだ。

それが10年後の2005(平成17)年には159万人に回復、2012(平成24)年は152万人になっている。

金井は、さかのぼること30年以上前から有馬温泉の振興策を講じ、観光庁が選ぶ「観光カリスマ」の称号も得ている。

「観光カリスマ」とは、各地で観光振興の核となる人材を育てていく先達となる人で、「観光カリスマ百選」選定委員会が選定している。2002(平成14)年末から2005(平成17)年2月までのあいだに8回の選定委員会がもたれ、100名が選定された。

金井のカリスマ名称は、「温泉観光を核にしたコミュニティ・ビジネスでまちのブランド力向上と活性化を進めるカリスマ」。選定理由は、つぎのとおりだ。

「個人客をターゲットとした個性的な宿づくりに成功したばかりではなく、まちづくり全体を考えた集客の仕掛づくりに取り組み、有馬の住民が温泉観光をまちづくりとあわせて考えようとする意識改革に大きく貢献した」

この有馬温泉の振興、および御所坊の存在感を高めてきた取組について、金井は「ヒトに支えられてきたもの」だという。

有馬温泉にはなにがある？

「わたしはいま58歳ですから、もうかれこれ40年近く前になりますかね、フランスで働きたいという夢をもっていたものの、夢敗れて有馬に帰ってきたのでした」

金井が22歳のとき、１９７７（昭和52）年のことだ。

その前年の１９７６（昭和51）年に、ＮＨＫの朝の連続テレビ小説、いわゆる朝ドラで、『風見鶏』が放送された（１９７７（昭和52）年10月３日〜１９７８（昭和53）年４月１日）。戦争でドイツ人のパン職人と生き別れた主人公の女性（新井春美が演じた）が、本格的なパンづくりに情熱を傾ける姿を描いたもので、神戸の北野町界隈が舞台だった。この朝ドラによって、神戸は一躍、日本国中の憧れの街になった。

金井は、「フランスに行けなくなって、どこかにちょっとトンズラしよう」と、政令指定都市同士で姉妹提携を結んでいる北海道の定山渓温泉に行っていたころで、定山渓温泉でこの『風見鶏』を見ていたそうだ。

「神戸って素敵な街だなと思っていました」という金井が有馬に帰って肌身に感じたのは、「有馬温泉はその神戸となかなか結びつかない」現実だった。

国鉄（現ＪＲ）が１９７０（昭和45）年に「ディスカバー・ジャパン」キャンペーンをはじめ、さらに１９７８（昭和53）年には「いい日旅立ち」キャンペーンを展開、これらが奏功して国内旅行は盛り上がりを見せていた。

若い女性向きの雑誌『アンアン』（１９７０年創刊）や『ノンノ』（１９７１年創刊）もブームの火付け役となって、雑誌を手に旅をする「アンノン族」なることばが生まれたほどだ。

しかし、人気の観光地は萩・津和野、清里などで、宿泊施設も旅館ではなく、若い女性客を意識した、おしゃれでかわいいペンションがもてはやされていた。

温泉地はブームの圏外だった。

１９８４（昭和59）年にＪＴＢが『るるぶ』と題する、見る・食べる・遊ぶ情報を載せた雑誌を創刊した。金井が、『るるぶ』に「有馬温泉を載せてよ」と頼んだら、「有馬温泉にはなにがあります？」と聞き返されたという。

こういった状況から金井の取組はスタートしたのだった。

「有馬は神戸観光のお荷物」返上に向けて

当時の有馬温泉はといえば、週末や観光シーズンになると団体客がどっと大型旅館に入り、御所坊のような団体客向けではない旅館はそのおこぼれにあずかって土曜日はなんとかいっぱいになる、けれど平日は暇をかこつという状況にあった。

この時代は、まだ社員旅行や団体旅行が盛んで、しかも海外旅行はそうそう気軽に行けるものではなかった。にもかかわらず、「大阪万博「EXPO'70」(1970年)や神戸ポートピア博「ポートピア'81」(1981年)のようなイベントがあれば客数は跳ね上がるものの、その熱が冷めればまた減るという波の繰り返し」だった。

有馬温泉には、金井だけでなく、就職や進学で有馬を離れたのち、また有馬に帰ってきた若い人たちがいた。

金井はそうした仲間たちと、「有馬温泉をいかにすべきか」といった議論をしていた。毎週水曜日にせんべい屋の2階に集まって、ああだこうだ、(有馬には)なにがある?と。

そこで、「有馬にあるものを探そう!」「ないのだったら、とりあえずイベントでもするか！」ということから行き着いた案のひとつが、カーニバルの開催だった。有馬温泉観光協会の青年部を仮発足させ、東京の銀座で歩行者天国が流行りだしていたのをヒントに、有馬のまちを歩行者天国にして、夏休みに入る時期に有馬カーニバルを開催した。いまはそれが盆踊りとくっついて、有馬の夏祭りに発展している。

金井が有馬に帰ってきて4年後の1980（昭和55）年のことだ。

神戸は、地方博「ポートピア'81」の開催を目前に控え、活性化していた。「神戸はイケイケドンドンでした。北野町には観光客が押し寄せる、人工島ポートアイランドのオープンに合わせて地方博を開催するといった調子で、株式会社神戸市と言われたものです。その一方で有馬は、たしかそのころの神戸市の観光白書に、有馬温泉は神戸観光のお荷物だと書かれたという話もあるくらい、人が来ない状況でした」

このままではいけないと、長老格の旅館の主人たちとは意識の異なる若い世代が行動を起こすと、神戸市の観光課も「おもしろい連中がいる」と目を向け、官民一体の動きが生まれるようになった。

ともかく有馬温泉は将来こうなっていきますというマスタープランをつくらなければいかん、ということになって1987（昭和62）年ごろから、有馬温泉のマスタープランをまとめようという動きがでてきたのだった。

1995（平成7）年1月17日、阪神・淡路大震災が起こった。

4月には新幹線が動くようになったものの、有馬温泉は閑古鳥が鳴く状態が続いた。

「夏休みも、お盆の前後一週間くらいはやっと観光客らしい人の姿が見られるようになったのですがそのときだけで、観光客が戻ってきたのは11月の紅葉の時期になってからです。1月から11月までは、ほとんど観光客はなかった」

すると芸妓さん、マッサージをする人、あるいは旅館にモノを卸している人たちが、いなくなる。そこで金井たちは、芸妓さんのいるビアガーデンをやろう！ということで涼風お座敷なるものを開いた。「芸妓さんとの遊び方というものを知らないなあ」ということからの発想だったという。

これもいまは、夏場のひと月以上にわたって行なわれる有馬のイベントになっている。

「自分が22〜23歳のころから、すこし年上の25〜26、あるいは27〜28歳の人たちといっしょに企画を考えて、やってきたものです。わたしはそのなかで年下です」

自分がリーダーとして音頭をとり、若い人たちを牽引してきたわけではないという。

昭和初期の木造旅館の風情を残す

有馬温泉に客を呼び込む取組をかさねたうえで、1985（昭和60）年、ようやく旅館そのものをなんとかしようということになった。

「お前、まちづくりもいいけど、お前のとこの旅館をなんとかしろよ」と仲間にいわれ、そりゃそうだな、なんとかしないといかんなと、腰を上げたのだった。

1980年代後半のバブル期は、団体旅行を目当てに旅館やホテルの大型化・近代化がすすんだ。

「そのころの旅館経営は、旅館のコンサルタント会社に頼んで、旅行代理店が喜ぶようなスペックの旅館に建て直すのが、いわば王道とされていたものです」

有馬の旅館やホテルも、その多くが鉄筋コンクリート造りの近代的な建物へと建て替えられ、まちの様相が変わった。

けれど金井は、別の道を選択した。

「同じ路線を行くなら同じステージで戦わなければならない。同じステージで、努力、根性、辛抱で競い合うようなことはとても自分にはできない。そもそも既存のやりかたとちがうことはできないかと祭りやイベントをつくってきたのですから、御所坊も、ほかとはちがう路線でいきたい」

時代の流れに逆行する道を考えていた金井に、仲間たちも背中をおした。

「金井さん、歴史や伝統がある御所坊の格を示すような改装がふさわしいのでは？」

その声を受けて、「御所坊がいちばん輝いていた時代、つまり昭和初期の、谷崎潤一郎だとか、そういう人たちがきていた時代を彷彿させる宿にすればいいのでは……」と、プランが固まっていった。

こうして1987（昭和62）年、昭和初期の木造建築を残しつつリニューアルしたのが、いまの「陶泉 御所坊」だ。

団体客ではなく、個人客をターゲットにするため、大広間はなくした。30あった客室を20に減らし、それぞれの部屋はゆとりある広さになっている。

敷地が階段状になっているため、エレベーターはつけられない。部屋によっては玄関階から数えれば4階にあたるところまで階段を昇らなければならないが、それを生かして階段の途中に椅子を置くなど、ひと息つける空間を設けている。

イベントでつながりのできた音響関係者、設計会社、当時ブームだったディスコの代表格ジュリアナ東京などの照明を手がけたデザイナー……そういったクリエイティブ集団の協力を得ながら「御所坊改装プラン」は具体化していったのだった。

「デザイナーズ旅館」誕生

御所坊のコーポレート・アイデンティティの礎となるトータルデザインを手がけたのは、美術作家「無方庵」こと綿貫宏介氏である。

イベントでつながりを得た写真家に「モノクロの写真が似合う旅館をつくりたい」ともちかけ、「漢詩でイメージソングをつくりたい」と話したのがきっかけで紹介された。

会ってみると、「自分のこれまで知っている人とはまったく別世界の人」で、設計パースを見せながら旅館のコンセプトを話すと、途中で、「紙ある?」と紙を求め、さらさらっと字を書いた。そして、これはこういう意味で韻を踏んでいる、どうだ? と。

「もともと漢詩なんてチンプンカンプンでわからないのですけど、なんとなく、おお、これはいいなあと思いました」

喫茶店に持って行くと、せんべい屋の友達がいて、「これ、無方庵先生では? 漢詩の世界でめちゃくちゃ有名な人やで!」と驚かれた。

「わたしは有名だからとか、そういうことで判断したのではなくて、自分の感覚でこれはおもろい！　と、ただただ気に入ったのです。先生もそれで気に入ってくださって、全面的に協力してもらうことになったわけです」

旅館には、浴衣、アメニティや封筒、コースターに至るまでさまざまな備品がある。そのどれもが、御所坊を表現するものだ。

「一つひとつの部分だけをつくるのは、ある意味簡単です。けれど、旅館は立体的です。サービスといったものも含めてトータルに展開するとなると、限りなく広がりが生まれます。それを無方庵流にしようというのですから、先生もおもしろそうだなと、いまだに協力してくださっています」

いまの御所坊のベースがどんどん膨らんできた。

当時、トータルでデザインするという発想はなかった。デザイナーズ旅館の端緒を開く取組だった。御所坊がまずメディアで紹介されたのは、旅行雑誌ではなく、デザイン雑誌だったというのも、その取組の特徴を示す。

デザイナーにしてみれば、自分でやりたいことはたくさんある。ところがデザイナーの仕事は分業化されているから、コンセプトを固め、デザインし、コピーもつくるというようなことをトータルでこなせる人はほとんどいない。

それを一人に任せたことで、金井はデザインがわかる人、デザイナーを使いこなす人と見られて、さらなるつながりが生まれたという。

「儲かるからやる」と失敗する

もともと金井がフランス行きをめざしていたのは、「絵でも描いて暮らせたらいいなと思っていた」からだった。「当時、自分より絵が上手い奴って、あまり知らなかった」という。

金井より2歳年長の従兄は絵が上手だったが、それでも美大に入るのに二浪していた。

彼でもそうなのだから、美大に進むのは容易ではなさそう。ならば、料理の学校に行ってフランス料理を習い、卒業後、あわよくばパリの名店トゥール・ダルジャン(La Tour d'argent)かマキシム・ド・パリ(Maxim's de Paris)に入れたらフランスで働けるし、やがて絵が描けるかもしれない、いずれ旅館をやるにしても、一石二鳥か三鳥になる……と思っていたが、石油危機が起こって、目論見は潰えた。

日航がセーヌ川のほとりにホテル日航・ド・パリをオープンしたときは、スタッフに受かっていたが、それも結局は大統領が変わって労働ビザを発行してくれなかったため、この思惑もはずれ、結果、北海道に一年間行ったのち、有馬へ帰ってきたのだった。北海道に行ったのも、あとを継ぐための修行ではなく、北海道なら存分にスキーができるという「不純な理由」だったという。

有馬に帰るまでの金井は、「いうたらフラフラです」という日々。その後、御所坊は、1981(昭和56)年に法人化し株式会社御所坊になり、金井が社長に就任した。

金井は、青年部のイベントなどを手がけていたころに、テニスクラブをはじめ、1983、4年には、喫茶店や居酒屋をはじめているが、「本腰を入れて旅館をやるようになったのは、旅館のリニューアルのころから」だという。

ちょうどCIが盛んにいわれるようになり、「デザイン的なものは好きだった」から、好きなことを手がけるようになった。

「好きだからやる。そこがいちばんのポイントです」と金井はいう。

旅館もホテルも、団体客や宴会収入に依存しているところが多いなか、広間をなくして個人客に特化したのも、金井は「自分が(団体旅行は)好きではなかったから」だと。

「だいたい事業で失敗するのは、これは儲かるとか、みんなが欲しがっているからいけるといわれるケースでしょう。わたしは、まったく人がやっていないようなものでなければ、基本的には無理だと思っています。こうすれば上手くいくという見込みの有無ではなくて、要は自分が好きではないことはしないというだけのこと。それに人がやらないことのほうがうまくいくというのは、イベントでも経験していましたから」

館内に囲い込まず、客が出歩けるまちにしよう

阪神・淡路大震災後、廃業や倒産に追い込まれる旅館が目立った。

金井は、そうした旅館のひとつを借り受け、かつて有馬にあった外国人専用ホテルのように改装し、ちいさな宿をはじめた。「ホテル花子宿」という。

旅館は一泊二食つきが定番だが、「ホテル花子宿」では宿泊と食事は一体ではなく、客が任意に選択できる。外国人客の受け入れを考慮し、和室にもベッドを入れた。和洋折衷だ。バリアフリー化も時代に先駆けて行なった。ルームサービスはなし。料金は低く抑えた。

「旅館で大事なのはコンセプトづくりだと思うのですが、あれも欲しい、これも欲しいとやるより、シンプルにしたほうがやりやすい。うちのようなちいさな旅館で、なにを削るかといえば、広間とか団体客。それを削ることによって、ゆったりとした個

室が生まれる。限られたスペースなので、捨てるべきものは捨てていった。中途半端はよくないでしょう」という御所坊リニューアル時の金井の意思が、ここにも反映されている。

あるいは「たとえばうちで喫茶店をやっても、収容人数が限られているから商売的に成り立たない。だから外につくる」という考えが、有馬のまちづくりにつながっている。

旅館は、館内に売店やラーメンコーナー、寿司コーナーを設けがちだ。けれど、館内のそうしたコーナーは、早い時間に閉めざるをえない。街の店舗が早く店じまいするから館内に必要というのが旅館の言い分。旅館が客を囲い込むから早く店じまいするというのがまちの店舗の言い分。

「じゃあ、旅館がまちのなかに喫茶店をつくったらどう?」

これが金井の発想だ。いわく「第三の発想」で、すべてをつくってきたという。

震災復興イベントとして、温泉入浴と昼食をセットにした「ランチクーポン」を発売したのが、その一例だ。

手軽に日帰りで温泉をたのしみたい客、チェックインの前やチェックアウト後に有馬で昼食をとる客、その両方が増えた。まちがにぎわえば、好循環が生まれる。

観光客が「歩いて楽しいまち」有馬

あるいは、車で来た客には御所坊が所有するテニスクラブに駐車してもらい、そこからはロンドンタクシーで送迎する。有馬温泉旅館協同組合も、２００１(平成13)年から「有馬ループバス」を運行させ、パーク&ライドを導入している。混雑を避けるとともに、有馬を見てもらう効果を求めたものだ。

神戸市が外湯として２００１(平成13)年に「銀の湯」を、２００２(平成14)年に「金の湯」をオープンしたのと相まって、歩いて楽しいまちづくりがすすんだ。

顧客目線のまちづくり

「有馬八助商店」なる合資会社を、金井

は仲間と設立している。設立は1999（平成11）年。

商店街に空き店舗ができたので、このスペースを使って、みんなで一杯飲む、たまには旅行ができる、それくらいの稼ぎになる商売はできないかと、仲間8人で40万円ずつ出資してはじめたものだという。

「自分のできる範囲は限られています。人がいります。そのとき、人を先に集めるか、人を雇う金を先に用意するかとなりますが、なかなか雇う金を先にはつくれない。だから雇った人それぞれが、自分の働く分くらい稼いでくれれば継続して雇用できるという発想で運営しています。この会社で、有馬のまちの（魅力の）取りこぼしというか、そういったものを拾い集めようと」

8人は、たまたま声をかけたのが8人だったにすぎないそうだが、いずれもイベントや有馬の振興に取り組んできた仲間で、それまではすべてボランティアだったけれど、企画を具体化するには資金がいるので、会社にした。まだ合資会社がつくれる時代だったので、人と人のつながりをベースにしているため、合資会社にした。

有馬八助商店は、空き店舗に天ぷらの店「有馬市」とラーメン店「有馬ラー麺青龍居」を開業、地域の雇用も生んでいる。また、「ループバス炭酸せんべい」を企画・販売し、売上の一部をバスの運行経費にあてている。「有馬サイダー」もつくった。

「有志が集まることができたのは、まだ景気がよかったのと、儲かったらみんなでどこかに旅行に行こうと、目標を立てたからです。おもしろい目標があるとうまくいきます。儲けることが目的だったら、できなかったでしょう。やっても失敗します」

まちづくりの会社としてさらに活動を進化させようと、新たな試みに取り組んでいるという。将来的には、「有馬八人衆になるのでは？」とも。すでに物産組合長、食品組合長、飲食店組合長に消防団長と、それぞれが地域の主要な立場についている。

「いまでも自分は経営者ではないかもしれない」と金井はいう。

「どちらかといえばプロデューサーというか、モノづくり型だと思います。どこかの派閥に属するとか、コンサルタントの先生の話を聞いてなるほどと勉強するタイプではありません、根本的に」

金井が自分は経営者ではないかもしれないというのは、ひとつには、ものを見るとき、経営者としての視点よりも、客の視点、すなわち観光客として有馬を訪ね旅館に泊まる側の視点でもって素直にとらえるからだろう。

有馬八助商店がラーメン店や天ぷら店をやっているのも、客の視点から生まれたものだという。

「自分が客の立場であれば、旅館に泊まって、夜はなんやかや豪勢な料理を食べさせられたら、つぎの日はちょっとラーメン食べたいなとか、蕎麦がいいなとか、思うはずです。そういう視点でものを見、考える」

「モノづくり」のまちとしても人を集める

もうひとつ、金井は、自分にあるモノをつくり出す才を自覚している、あるいはクリエイターでありたいという意識があるから、経営者的ではないとするのかもしれない。

金井は、「ギャラリー・レティーロ・ドォロ」と「有馬玩具博物館」を開設している。有馬のまち歩きを楽しむ人たちに、もっと楽しんでもらえるものを、という思いからギャラリーは1888(明治21)年上棟の蔵を使って、1997(平成9)年にオープン。1階は作品の販売、2階は月替わりの展示スペースとなっている。

このギャラリーでからくり人形作家・西田昭夫氏の作品展を開こうとしたときに、もう一人、グリコのおまけを手がけたおもちゃのデザイナーの加藤裕三氏の協力も得られ、二人のデザイン展をした。

それがきっかけとなり、加藤氏の「有馬でいつかおもちゃの博物館をしたい」という希望もあって、玩具博物館につながった。

「有馬玩具博物館」は２００３（平成15）年に開業。ブリキや木工の玩具、１３００点以上のからくり人形など、動く玩具が展示されている。博物館の建物は、倒産した旅館を競売で購入しホテルとして営業していたが、コンクリート造りで御所坊のような改造ができないことからここを博物館に転用した。

有馬は、もともとは木地師が開き、木工が盛んだった。また、兵庫県は日本のからくり人形のルーツともいわれる。観光客が、楽しく地域の文化や産業に触れることができる「場」になっている。

デキのよくない若者を採用する

御所坊ではグループ計１００名の従業員がいる。

サービス業の人材について、金井は「デキの悪い子のほうがうまくいきます」という。

金井は阪神・淡路大震災後、ホテル専門学校から「旅館の話をしてくれないか？」と依頼を受け、まちづくりのセミナーなどで話をしていた経験もあったので、引き受けた。

「当初はいつクビになるか、やがてはいつ辞めようか」と思いながらの講師業だったというが、結局、８年続けた。そのときの生徒も採用しており、「デキのよくなかった卒業生がだいたいうちに入社してくる」というのだ。

ホテル専門学校にいかせる親は、子どもが有名ホテルに就職することを期待している。その期待に沿ってホテルに就職したものの、会社や上司にいわれるがまま働くだけの職場になにかしら違和感を覚え、辞める者がいる。そういう者を受け入れることがある。「うちに比較的若い子が多いのは、そういう理由」なのだそうだ。

「学業成績のよくない子というのは、よく怒られたものだから、あ、これ先生怒るなとか、人の顔色を見て判断する感性をもっている。だから、これはお客さん怒っているなとか、これは不愉快にさせるなということが、仕事の場でもわかる。怒られたことがない、成績のよかった子は、わからない。お客さんが頭から湯気を出しはじめて、なにか怒っているみたいだけど、なぜ怒っているのかわからない。サービス業でいちばん使いにくいのは、そういう中途半端に賢い子です」

生徒のなかには、たとえばタイの女の子がいて、有馬でお祭りをするから学生みんなくるか？　といえば喜んできて、有馬のまちのイベントに参加する。「有馬のイベントにタイの民族衣装を着たのがいたり、ミャンマーの子がいたり」で、はなやぐ。

タイのエリートで、日本の航空会社に勤務後、社長秘書をし、いまは結婚して子どもいるけれど、日本語が話せるし、漢字も読める。Ｆａｃｅｂｏｏｋで「今度タイに行くからホテルの手配頼むね」といえば、安い値段で手配してくれる。そういうつながりが、グローバルに広がっているという。

「しかも、友だちとしてつながっています。商売上の付き合いは、お金が絡んでくる。だからなかなかうまくいかない。まちづくりとかそういうことでは、いろんなつながりが構築しやすい」

有馬は関西国際空港から2時間の距離。日本の温泉を求める外国からの観光客にとって格好の地といえる。「陶泉 御所坊」「ホテル花子宿」「歩いて楽しいまちづくり」……これらすべての取組は、「外国からの観光客は日本の文化に触れることを求めている」と見る金井の国際化戦略も包含している。

着地型観光を推進する

いまの団体旅行は、「団体旅行3．0」だと金井はいう。Ｗｅｂ1．0や2．0になぞらえた表現だ。

「団体旅行1．0」は、社長も部長も会社の一同がこぞって出かけ、旅館では、さあ無礼講だと、どんちゃん騒ぎをするような旅行が「団体旅行1．0」。

1960年代生まれが課長や部長になると、そんなのはよくないし、みんないやがっているのを知っているから、課ごと部ごとに行って、会社はいくらか補助を支給する。それが「団体旅行2．0」になる。基本的に団体旅行はきらい。とはいえ団体生活はできる世代の団体旅行だ。

1970年代生まれとなると、団体旅行はまったく嫌い。だから「1．0」のような騒ぎかたはもちろんしない。けれど会社には年配者も若手もいるから、行くならなにか役に立ち、かつ結束できるようにしようと、研修を兼ねた旅行になる。それが「3．0」なのだそうだ。

そういう動きをとらえて金井は、有馬にくればなにか体験してもらえる、ちょっと賢くなったと感じられるようなプランづくりをしているという。旅行者を迎え入れる地域（着地）側が地域の観光資源を生かしたプログラムを用意する「着地型観光」を強化しようということだ。

一例として、GPS端末を使って、美術館などで展示作品の説明をしてくれる装置を有馬でも利用し、チームビルディングになるようなゲームをつくっているという。

「他言語化もできますから、たとえば外国人観光客が六甲山に登るとして、端末をもっていれば、つぎの二股のところは右にというのを英語で案内できますし、万一まちがって左に行っても、この道、まちがっていますよとアナウンスしてあげて、で、引き返して今度は正しい道をすすんだら、正解ですと教える。あるいはあと何分くらいで頂上です伝える……そういう活用のしかたを考えていくことが、有馬の着地型プランづくり、そして集客につながっていくかと思っています」

1955(昭和30)年生まれの金井は、「ちょうど油の時代と水の時代の境目世代です」という。「高野豆腐やひじきばかり食べていた人と、ハンバーグを食べるようになった人との境目の世代。いろんな文化がちがう」のだと。

築いてきた「ヒト」のつながりと、高野豆腐のよさもハンバーグのうまさも知る感覚を生かして有馬温泉をさらにおもしろい「まち」にしていくのだろう。

◎金井啓修（かない　ひろのぶ）

１９５５（昭和30）年神戸市北区有馬町生まれ。１９７２（昭和47）年三田学園高等学校卒業。１９８１（昭和56）年株式会社御所坊を設立し、代表取締役社長に就任。２００４（平成16）年、国土交通省などから「観光カリスマ」に選ばれる。兵庫県温泉ツーリズム推進協議会会長、有馬温泉旅館協同組合専務理事などを務める。

◎株式会社御所坊

創　業　１１９１（建久２）年
設　立　１９８１（昭和56）年
資本金　１０００万円
従業員　１００名（パートタイマー含むグループ計）
事業内容　旅館・飲食店等経営
本　社　神戸市北区有馬町８５８
電話　０７８・９０４・０５５１
http://www.goshobo.co.jp

あとがき

「人」から始まるイノベーション……を考え続ける日々のなか、ふと目に留まった記事があった。

――仕事力とは……何の見返りも求めず、自分の奥義を惜しみなく誰にでも教える。たゆまぬ研究と努力を続けながら、その成果を個人のものとしない。良い農産物を作るのではなく、その土壌となる畑を作る。工業製品でも設備でも、人材を育てることでも、あらゆる基本は同じで、形のあるものを作るのではなく、良いものを作る土壌が最も大切である。「深く耕す」「土に返す」ことを忘れない。農業は、知識も経験も必要だが、「自然に従う」ことが、一番重要。ただ、そこに潜んでいる恩恵を引き出す努力をする。

（朝日新聞　2013・10・6(日) 15面「浅野悦男が語る仕事」より抜粋）

「佐竹隆幸」という人間を形成した土壌とはなんだったろう?

思いめぐらせてみると、まず浮かぶのは、小学生の自分。

吃音癖があり、人前で話すのは超のつく苦手。何か事あるごとに泣きべそをかいていた。甘ったれで、どうしようもない。

3年生の担任教師であった森井先生のひと言がきっかけだった。

「佐竹君、学級集会の司会やってみないか。」

そんなのムリにきまってる。なんでよりによって僕に……。

まったく気が進まないまま、無我夢中で司会をするうち、言葉も意外と出てくる。

あんなに話すのが苦手だった自分が、場を流暢に進行させている事象にまず驚いた。

終わってみると、達成感と何とも言えない楽しさがこみあげてきた。

思えば、そのとき、「紅白歌合戦の司会がしてみたい!」という夢が唐突ながら、電撃のように脳裏に閃いたのを記憶している。

通知表には、「これからは、リーダーとしての素養が必要」と書かれていた。

それを裏付けるように、学級委員になり、クラスをリードする役割が回ってくる。

それも、やればやるほどに楽しくなってくる。

「ヒト」は、期待どおりの人間になる……心理学の理論、ピグマリオン効果にもあるように、森井先生が自分に掛けてくれた肯定的な期待が私の本来の資質と能力を引き出してくれたのだった。

「読んでみたら面白いで」

次に森井先生から手渡されたのは、『力の5000題』『自由自在』いわゆる中学受験向けの参考書、問題集だった。

これも、軽い気持ちで解き出すと、楽しくてハマる。

結果的に、これが関西学院中学部の受験対策となる。

一方、心はまだいたずら真っ盛りの少年。

百貨店の屋上から、かごに入っていた鳥をいっせいに逃がす。

心斎橋のアーケードの上によじ登り、紳士用の靴の中の黒い空気袋を投げ落とす。

赤信号で止まっている車のタイヤの前にその空気袋を仕掛けて、発車と同時にパパパーンと破裂させる。

実家の老舗料亭を訪れた客が暖簾をくぐるや否や、上の階から水を掛ける。などなど、冷や汗ものの悪行の数々に、頭を下げて回ってくれていた母には、本当に申し訳ないやら、有難いやら。

そこでも、森井先生のひと言が効く。

「関学に入ってそんなことしていたら、即刻退学やで」

いたずらは、ピタリと終わりを告げる。

中学入学と同時に、勉強に本腰を入れる。小学4年生で、向学心に火をつけた大阪日本万国博覧会(EXPO'70)での体験と相まって、関学での授業は、知識の習得にとどまらず、世界規模の視点で深く物事を考える基盤を築いてくれた。

少年期の一人の恩師との出会いが、人前で臆することなく話す力、勉学、という今の自分を形成する二本柱を打ち立ててくれた。


時を経て、大学で教鞭をとる身となるも、データの収集や海外の文献だけでは、生きた中小企業を専門とする学者とはいえない。

そのことに、大きく気づかされたのは、阪神・淡路大震災での被災だった。

神戸の経済復興のために、被災企業の調査を依頼される。自転車で被災企業を訪問しながら、経営状態、今後の指針を考えていくなかで、ハタと気づく。これまで、中小企業の経営者と話したこともなければ、企業を訪れたことさえない、経営環境も知らなかった。何とアホなことをしてたんやろう！　中小企業を専門とする学者として、何もしていなかった自分。情けない。

そんな折、出会ったのが、経営者田中信吾氏（現兵庫県中小企業家同友会筆頭代表理事・日本ジャバラ工業㈱代表取締役社長）。

彼の経営者としての理念は経営者自ら学ぶこと。経営学、哲学の知識は半端ではない。

「あんた、そんなこともわからんと、よう学者やっとるなぁ」

手厳しいひと言に、何度も頭を打たれた。

話すたびに、ピリリと効く気づきを与えてくれる。

人間としての目標であり、憧れであり、ライバルでもある。

リーマンショック後、東日本大震災の禍中、兵庫県中小企業家同友会主催で、田中氏と2時間の対談をした。テーマは「5年後の企業ビジョンを展望する」。その際、彼の学者並みの知識、見識に、自分にとって、また、経営者仲間にとっても、最高の手本であるとあらためて認識した。東日本大震災以来、復興支援のため、仙台に何度か通うなか、二人の関係性も、更に進化&深化させて、磨き合えればと願う。


仕事の哲学として、作業や効率の絶え間ない改良を表す「改善」。

今、海外のビジネス現場でも、日本の「カイゼン」の概念は、一般的に使われるようになった。

そもそも、日本のモノづくりの強さは、現場での創意工夫やそれを生み出す優秀な人材育成によって、「改善」が進むという点にあった。

モノづくりの前に、ヒトづくり。これこそが、強さを生み出す両輪であった。

今、日本のメーカーに精彩がなくなりつつある。

原因の一つには、１９８０年代からの製造業の割合の低下がある。

モノづくりが、経済成長ベースとなっていた日本に、モノを伝達・管理するサービス業、ＩＴ産業の台頭の波が押し寄せる。

かつてのヒトを土台にした現場第一主義から、財務データを中心とした経営へと変化した。

資金と時間をかける手間を省いて、カネの力でメリットのある企業を買収し始め、いわゆるＭ＆Ａなどの典型的なアメリカ型経営に傾き、ヒトづくりがなくなってしまった。

賃金、売上、ノルマ、コストダウンに目が行き過ぎ、アメリカ型マネーゲームの悪しき影響を引きずっている。

結果、企業の成長と引き換えに、モノづくりの根本的な大切さは失われた。

創意工夫に満ちたモノを作ることへの生真面目さが日本の経済を支えてきた。最高のものを作る。伝統的な匠の技をとことん追求する。それを、芸術作品にまで高める。

これは、世界的にも高く評価されている日本の強みである。

そして、日本的経営の良さは、従業員一人一人のなかにオーナーシップが存在する状態。つまり、自分の企業であるという自覚と誇り。自社への愛情を基盤に、自分が会社を良くしていくという姿勢から、イノベーションが生まれる。

従業員からの「改善」提案をいかに吸い上げ、活かしていくか。

日本人のなかに脈々と受け継がれてきた、義理人情、浪花節の精神。

これは、日本人がもともともっていた美意識にも通じる。

おてんとうさまが見ている。だから、悪いことはできない。ひとを貶めるとは罰あたり。

また、物事を長い目で見る精神。

これらが、経営にも活かされていた。

社員は家族のように大切にされ、上司は部下の成長を見守る。たとえ、短期的には成果が出ないときでも、目先の利益に振り回されることなく、会社は社員の面倒を一生見て、社員は一生をかけて会社に貢献する。

いわゆる終身雇用。

勤労は美徳であるゆえ、仕事を通じてわが身も成長し、企業も成長するという考え方。

そのために、まずは、目の前のヒトを幸せにする、経営に戻らなくてはならない。

従業員がいきいきと自分の裁量を発揮して、価値あるモノやサービスを提供する。

それが、何より顧客に喜びを与え、喜びの対価として利益が還元していく。

奪い合うのではなく、幸せを分かち合う関係性を基本に据えた企業経営。

良いものを生み出すための土壌……それは、「ヒト」に尽きる。

「人こそ宝」なのだ。

＊ご協力いただいた方々
栃木県日光の元タクシードライバー川中子照雄氏、
芦屋のフレンチレストラン　北じまの皆さん。

著者紹介

佐竹隆幸（さたけ　たかゆき）

兵庫県立大学大学院経営研究科教授　博士（経営学）

1960（昭和35）年　大阪市生まれ。関西学院大学経済学部卒業、関西学院大学大学院経済学研究科修了。神戸商科大学商経学部経営学科助教授、兵庫県立大学（旧神戸商科大学）経営学部事業創造学科教授を経て、2010（平成22）年から現職。専門は、中小企業経営、中小企業政策、地域企業の育成と地域経済の振興、企業間連携・産学公連携の経済効果。日本中小企業学会副会長。

阪神・淡路大震災後、兵庫県内中小企業を調査・研究。さらには東日本大震災の震災復興支援活動として、現地で経営支援のための講演、研修を行なう。企業の連携や経営革新、経営品質などのテーマで全国で講演・研究活動等を展開。サンテレビ「キラリけいざい」、「ニュースポート」のレギュラーコメンテータとして活躍中。

主な役職

兵庫県公社等経営評価委員会委員長、兵庫県ひょうご地域金融懇話会座長、兵庫県企業庁経営ビジョン検討懇話会座長、兵庫県中小企業家同友会経営環境改善委員会委員、ひょうご産業活性化センター評議員、第二創業を目指す企業家の集い座長、尼崎市ものづくり雇用創造促進協議会会長、尼崎市地域産業活性化協議会会長、尼崎地域産業活性化機構尼崎経営塾コーディネータ、神戸信用金庫ビジネスクラブ産学連携研究会座長、全国指定自動車学校経営協議会青年会顧問、淡路信用金庫淡信実業クラブ経営研究会座長、その他多数。

主な著書

編著書：『中小企業論の新展開―共生社会の産業展開―』八千代出版（2000年6月）、『中小企業のベンチャー・イノベーション』ミネルヴァ書房（2002年12月）、『現代中小企業の海外事業展開』ミネルヴァ書房（2014年4月）

著書：『中小企業存立論』ミネルヴァ書房（2008年4月）、『「地」的経営のすすめ』神戸新聞総合出版センター（2012年3月）

◎構成・編集協力

中山秀樹（株式会社HRS総合研究所）
加藤年男（合同会社ロードアウト）
松本正行（フリーライター）
新妻千波（エディター）

川瀬裕弘（アルファーシーエス株式会社）

「人《じん》」財経営《ざいけいえい》のすすめ

2014年3月20日　第1版第1刷発行

著　者――――――佐竹隆幸
発行者――――――山下俊一
発行所――――――神戸新聞総合出版センター
〒650-0044　神戸市中央区東川崎町1－5－7
TEL 078-362-7140 ／ FAX 078-361-7552
http://www.kobe-np.co.jp/syuppan/

編集担当――――――岡　容子
装丁・DTP――――クリエイティブ・コンセプト
印　刷――――――モリモト印刷株式会社

落丁・乱丁本はお取替えいたします

ISBN978-4-343-00789-6　C0034
※神戸新聞総合出版センターは株式会社神戸新聞総合印刷の商標です。